本書影印底本由日本早稻田大學圖書館收藏

論語私考

中國典籍日本注釋叢書・論語卷

張培華 編

圖書在版編目(CIP)數據

論語私考 /(日) 山本日下撰. —上海: 上海古籍出版社,2017.8
(中國典籍日本注釋叢書. 論語卷)
ISBN 978-7-5325-8372-0

Ⅰ.①論… Ⅱ.①山… Ⅲ.①儒家②《論語》—研究
Ⅳ.①B222.25

中國版本圖書館 CIP 數據核字(2017)第 042843 號

論語私考

[日] 山本日下 撰

上海世紀出版股份有限公司
上 海 古 籍 出 版 社 出版

(上海瑞金二路 272 號 郵政編碼 200020)

(1) 網址: www.guji.com.cn

(2) E-mail: gujil@guji.com.cn

(3) 易文網網址: www.ewen.co

上海世紀出版股份有限公司發行中心發行經銷

江蘇金壇古籍印刷廠印刷

開本 890×1240 1/32 印張 17.5 插頁 5

2017 年 8 月第 1 版 2017 年 8 月第 1 次印刷

印數: 1—2,100

ISBN 978-7-5325-8372-0

B·987 定價: 88.00 元

序

『論語』は、『千字文』と並んで、日本に最初に入ってきた漢籍の一つと伝えられるほど、なじみ深い典籍である。

古来、日本人が学んできた漢籍には、ほかに『孝経』や『蒙求』『三字経』などがあり、幼少期の学童に教えられるべき幼学書として、近代以前は長い受容されてきた。しかし、これらは今ではすっかり忘れ去られて、眼にふれることも稀になってしまった。むしろ最も馴染みのある漢籍といえば『論語』が代表的となっている。

現代の日本で、『論語』がいかに親しまれているか、示してみよう。例えば、学校では小学校や中学校の教科書に採り上げられている。また、ビジネス書をはじめ、『論語』の小説も少なからず出ている。漫画の『論語』も多くあり、孔子の伝記とあわせると、その数は膨大といってよかろう。

『論語』の注釈の中で最も有名で、最も多くの人に享受されてきたものは、朱子（朱熹）の『論語集注（しっちゅう）』であった。これのことは、世界的に考えてみても、同じことが言えるだろう。かくいう私も、十八歳で大学に入学した際の最初の講義で学んだ漢文は、簡野道明の補注による『論語集注』を教科書に、柳町達也先生から学而第一を二年間習ったものだった。
その講義で学んだことは、現代語や解説などに頼らずに、直接古典注釈書を学ぶことの意義と、長い注釈の歴史を持つ中国に劣らず、日本でも朱子を乗り越えようとした先人の営みの精華を知ったことだった。
本書の最初に収める松平頼寛（1703～1763）『論語徴集覧』には、日本における論語についての二大著述を対照させた集注が収められる。すなわち伊藤仁斎（1627～1705）『論語古義』と荻生徂徠（1666～1728）『論語徴』である。いずれも朱子の説を祖述することを潔しとせず、それを乗り越えるべく独自の思想を追究した先人の賜物といえる。
江戸時代、林羅山によって身分制度を正当化する朱子学は、江戸幕府の正学とされていた。そこでは、「上下定分の理」や、そのために名称と実質の一致を確立しようとした名分論が武家政治の基礎理念として貫かれていた。
しかし、仁斎と徂徠の両名は、ともに当時支配的であった朱子学的な経典解釈に批判的態度であたった。具体的には、両名は直接原典を考究するという原理主義に立って朱子学に臨んだのである。ただし、両者の採った方法はそれぞれ異なるものであった。
端的に言えば、仁斎の古義学は、疑念を持って原典にあたり、批判的な態度で読むことに努めたものといえ、徂徠の古文辞学は、原音原語と制度文物の研究によって、先王の道を知ろうというものであった。また、中国語に堪能だった徂徠は仁斎に否定的な態度で臨んだことも特徴的であった。その結果、それぞれ方法・立場を異にしながらも、全人的理解を目指して体系に裏打ちされた思想を生み出したのである。本書に収載の『古義』『徴』の二書にもその傾向はうかがえる。

両名の考え方の差は随所に現れている。一例として学而第一第八章を採り上げてみよう。

「子曰、君子不重則不威。
学則不固。
主忠信。
無友不如己者。
過則勿憚改。

この部分の解釈は仁斎と徂徠とで異なる。詳しくは収載された両書を参照して考えてもらいたいが、あえて一点だけ述べれば、この章の「学則不固」の部分には両者の考え方の違いが最も明確に現れているといえる。

まず、仁斎は、『論語』は孔子が当時の賢士大夫に向かって説いたもので、この章も孔子が説いたいくつかの言葉を弟子たちがつづり合わせたものと考えた。それに対して徂徠は、『論語』は孔子が以前からの古言を唱えながら教えたものであるため、一貫性を認めづらい部分や、重複した内容があることも当然と考えた。その結果、仁斎は「学則不固」を、「学べば則ち固かたからず」と訓んで、きちんと学問をしないと堅固な考えを持てないと解釈した。それに対して、徂徠は「学べば則ち固こせず」と訓むことができる解釈を行った。孔子には定まった師はなかったので、融通無碍な考え方を行う人であったと考え、学びを深めれば、狭い見識にとらわれた固陋な考えを持たなくなるというのである。

朱子の学問は、孔子の一言片句さえも一貫した意味と思想を持つものと解釈することに努めた。それに対して、日本の仁斎と徂徠はその立場を採らず、朱子とは異なる解釈を行ったのてある。仁斎は孔子の平生の言葉を繋げ合わせたものとし、徂徠は以前から伝わる古言を孔子が唱えながら教えたものと考えた。徂徠の考え方を採れば、他の箇所にも重複のあることに説明がつき、同じ章の「過ちては改むるに憚ること勿れ」からうかがい知れる君子像とも矛盾しない。

また、全体的思想においても、朱子は宇宙に根拠づけられた道の体現者としての孔子を見ようとしたのに対し、仁斎は、その考え方を排斥して日常性と道徳に関心を集中させた考えを採った。徂徠も同じく朱子とは異なる経学を示しながらも、仁斎にも反対の立場を採り、先王とは異なって統治者としての経験・実績はないものの、そのための道を後世に示した孔子の偉大さを伝えようと努めたのである。

こうした日本経学の豊潤な蓄積と独自性が、中国で知られることは少ないだろう。本書を編纂する意図はまさにそこにあるのだが、中国の人達だけでなく、多くの日本の人達にも興味を持っていただきたく思う。

平成二十八年師走　相田満

《論語》和日本

——代前言

一

翻開日本《古事記》應神天皇的章節，其中有『論語十卷』的記載。這是目前所知日本對《論語》的最早記録。應神天皇是日本第十五代天皇，在位四十一年（約公元二七〇年至三一〇年在位），一百歲崩（《古事記》載一百三十歲）。論及《論語》和日本的關係，上述記載是不可忽視的，至於《古事記》的記載是真是假，已有諸多考證，限於篇幅，在此不贅。《古事記》是日本最早的書，由其記載，可推知《論語》流傳到日本至少一千七百年了。這裡不妨摘録一段日本漢學大家諸橋轍次的話。他説：

《論語》是公元二八五年（應神天皇十六年）由百濟王仁博士傳到日本的。日本最早的書《古事記》成書於七一二年（和銅五），以此推算，《論語》到日本要比《古事記》早四百二十七年。也可以説，《論語》是日本人手裡拿到的第一本書。從那以後至今，《論語》差不多被日本人讀了一千七百年，終於家喻户曉、人人皆知、可親可敬了。雖説《論語》是外來的書，可我覺得稱其為日本古典中的古典並不過份。

（諸橋轍次《中國古典名言事典》，講談社學術文庫，第十九頁）

諸橋轍次先生的這段話，述及《論語》自傳入到被日本人廣泛接受的過程。那麼一千多年來，日本人究竟是怎麼閱讀《論語》的呢？

二

正如《古事記》所記載的那樣，自從王仁博士將《論語》作為禮物敬獻給應神天皇的皇子以來，《論語》以及流傳到日本的中國典籍的讀者主要是日本天皇和皇室子孫。他們通常由大學博士等專業人士傳授。比如日本漢文史籍《日本三代實録》第五卷清和天皇貞觀三年（八六一）八月十六日有如下記載：

十六日丁巳，天皇始講論語，正五位下行大學博士大春日朝臣雄繼侍講。

（《日本三代實録》上卷，名著普及會，第一三一頁）

該書第三十六卷元慶三年(八七九)八月十二日同樣有陽成天皇讀《論語》的記録:

十二日己巳,天皇始講論語,正五位下行大學博士大春日朝臣雄繼侍講。

(《日本三代實録》下卷,名著普及會,第一八〇頁)

清和天皇和陽成天皇分别是日本第五十六代和第五十七代天皇。《論語》不僅僅為天皇閲讀,也是皇子的啟蒙讀物。比如從《御産部類記》中可知皇子出生一周之内,由明經博士、紀傳博士閲讀的中國典籍書目中就有《論語》:

延長元年七月二十四日,皇后(藤原穩子)產男兒(寬明親王),前朱雀院,内匠寮作御湯具,七日間明經、紀傳博士等相交讀書,千字文、漢書·景帝紀、文王卅(原字)子篇、古文孝經、論語置一卷、尚書、史記、毛詩、明帝紀、左傳等也。

(《圖書寮叢刊·御産部類記》,明治書院,第七、八頁)

延長元年即西元九二三年。寬明親王剛出生,耳邊就聆聽大學博士讀《論語》及各種典籍,可見日本古代天皇對皇子履行儒家經典教育的重視。寬明親王日後成為日本第六十一代天皇即朱雀天皇。

不僅古代天皇及皇子耽悦《論語》及中國典籍，誦讀《論語》更是男性貴族修身的主要方式。這與日本古代没有文字密切相關。正如齋部廣成在其《古語拾遺》的《序言》裡説：『上古之世，未有文字。貴賤老少，口口相傳，前言往行，存而不忘。』（《古語拾遺》，岩波書店，第一一九頁）自漢字傳入日本後，日本開始借用漢字表情達意。前文提到的《古事記》，從頭至尾都是用漢字書寫的。日本第一部和歌集《萬葉集》也是用漢字書寫的。但問題是，雖是漢字，中國人卻未必能看懂。比如，明代李言恭《日本考》中有如下日本古代歌謠：

月木日木，所乃打那天木，乃子革失也，我和慕人那，阿而多思葉白。

（〔明〕李言恭、郝傑編撰，汪向榮、嚴大中校注《日本考》，中華書局，一九八三年，第一二四頁）

恐怕任何中國人讀了以上歌謠，都會如墜五里雲霧而不知所云。其實這是一首日本古代情歌，大意是：『日月同天，想他那裡，我思念人，有人思我。』（出處同上）

這是因爲，日本借用漢字表情達意時，已經有固定的日語表達形式了，只是没有日語文字而已。這是一個值得深究的課題。

借用中國漢字，終究不方便，於是日本在平安時代發明了『假名』，即記録日語的文字。

顧名思義，假名是相對於『真名』而言的，真名即漢字書寫的古文。十分有趣的是，日本創造的假名，依然與漢字藕斷絲連。毫不諱言，日語的假名，其本質是對漢字的『崩裂』。五十個平假名和五十個片假名，都基於一百個漢字。日語假名不變，漢字轉爲繁體字。假名源於漢字，在日本學生《國語》裡，均有鮮明的解釋，只是千百年來，對於日本學生或對所有日本人而言，在他們的意識裡，與其説漢字是中國的，倒不如説漢字是日本的，俗話説習慣成自然。

假名終於替代了真名，成爲日本的國語。但是，在假名剛剛開始的平安時代，『真名』與『假名』的地位截然不同。按古代日本律令的規定，國家政府機關的官方文書，一律爲真名，且多爲男性高級貴族把持，因此真名也稱爲『男手』，相對真名而言的假名，則叫『女手』。日本古典文學《枕草子》及《源氏物語》即是『女手』創作的代表作。從《源氏物語》作者紫式部的假名日記（《紫式部日記》）中可見，當時她旁聽兄長的漢儒課程時，由於其記憶力好，每當兄長被問得不能回答而發窘時，她在一旁倒背如流。她作爲文人的父親對其刮目相看，十分惋惜地説：真可惜你不是男兒啊！由此可見當時重視男子識『真名』女子習『假名』之一斑。

女性貴族宜用假名，男性貴族須用真名。從現存男性貴族的漢文日記中，我們仍然會發覺《論語》是皇室子孫必讀的中國典籍之一。比如日本第六十六代天皇一條天皇的第二皇子敦成親王誕生後，當時的攝政大臣，即一條天皇的岳父藤原道長在他的漢文日記《御堂關白記》中（現存作者部分親筆日記均爲日本國寶），對敦成親王的讀書書目和讀書時間以及擔任博士均有詳細記録。比如寬弘六年（一〇〇九）十二月一日，上午讀《漢書》，傍晚時分由名叫爲忠的人讀《論語・大伯篇》(詳見《御堂關白記》,岩波書店,第二七一頁)。敦成親王日後成爲日本第六十八代天皇即後一條天皇。

鎌倉時代和室町時代的漢文日記裡,也依然可見閱讀《論語》的記録。比如鎌倉時代公卿近衛家實在其《猪隈關白記》裡,於正治二年(一二〇〇)二月一日記:『博學而篤志,論語云云。』(詳見《猪隈關白記》,岩波書店,第六九頁)另外在建仁三年(一二〇三)八月二日還有『釋奠、論語』的記述(詳見《猪隈關白記》,岩波書店,第二七〇頁)。所謂『釋奠』是沿襲古代中國祭奠以孔子爲代表的儒家先哲的儀式,最早由奈良時代《大寶令》中的學令頒佈後,于大寶元年(七〇一)實行,中途停止,後又復活,反反復複直到明治維新才餘韻告罄。

鎌倉時代以後的室町時代,後崇光院伏見宮貞成親王的日記於永享八年(一四三六)十月二日記:『讀書如例,論語第二卷講義。』(詳見《看聞日記》第五卷,宫内廳書陵部,第三二〇頁)

另外在室町貴族内大臣萬里小路(藤原)時房的日記《建内記》裡,也同樣可見其耽悦《論語》的記録。比如在康正元年(一四五五)八月二十一日的日記中有以下記載:『岡崎三品(周茂)終日來談,論語第七讀和了。』(詳見《建内記》第十卷,岩波書店,第一七八頁)

從以上零零碎碎的記述裡,大致可以瞭解,《論語》在日本先有天皇及皇室子孫閱讀,爾後普及到貴族階層,延綿不絶。但是,直到室町時代尚不見有學者潛心閱讀《論語》後,用漢文加以解釋的著作。

三

如果把『論語』作爲關鍵词輸入日本國立國會圖書館的藏書檢索欄裡，現在顯示的數目是三六四一件。這個數目還在不斷增長，因爲每年都有新的有關《論語》的書籍出版。比如二〇一六年六月，岩波書店出版了井波律子氏翻譯的《完譯論語》，同年十月，筑摩書房出版了齋藤孝氏翻譯的《論語》。日本《論語》的譯作，可謂雨後春筍，層出不窮。而且有趣的是，翻譯《論語》的譯者未必會説漢語，他們能夠翻譯《論語》，其氣魄來自對中國古文的日語解讀——訓讀。

説起訓讀，得回到平安時代日本人所發明的假名。前文提到過的源於漢字的一百個假名中，其中五十個片假名就是爲訓讀『真名』漢文服務的。漢文訓讀的發明，不能不説是日本人的智慧，因爲所有的中國典籍，一旦配上訓讀，如何閱讀的問題就會引刃而解。因為有訓讀這一特殊的閱讀方法，所以一個日本人即使完全不會説漢語，也能夠看懂《論語》。訓讀並不難，即按照日語的順序，在漢字左右下角分别添加訓點和送假名。其目的是爲了符合日語的順序，所以有必要顛倒漢語的語序，因爲日語和漢語的語序不同，比如漢語動詞後面跟賓語，而日語常常是賓語在前動詞在後。而訓點符號恰是爲顛倒漢語語序迎合日語順序而起作用的。

訓點符號屈指可數，簡言之，不外乎以下訓點。首先是返点『レ』，意为返回，即在两个汉字之间有返点的话，先读下边的字，然后再返回读上边的字。其次『一、二、三、四』點，即按照點數的多少，先讀有一點的字，次讀有二點的字，再讀有三點的字，最後讀有四點的字，以此類推。同樣的方法還有『上、中、下』點和『甲、乙、丙、丁』的訓點標誌。這些訓點基本都是按照其順序先後讀字罷了。如此看來，訓讀的方法並不困難，不過訓讀後的漢字得配上相應的送假名即片假名部分，需要有深厚的日語語感，所以日語能力的高低，左右著訓讀後的翻譯水準。由於古代漢文都是豎排，日語亦然，所以按訓讀規則，一般將訓點標在漢字的左下角，片假名標在漢字的右下角。

日本的訓讀雖易學，但其方式比較煩雜，似乎没有統一的模式，又常常與師承直接相關。比如昭和時代的學者，就有東大（東京大學）和京大（京都大學）畢業生訓讀的不同方式。

訓讀起源于平安時代，最早誕生于漢儒博士之家，派系林立，方法不一，猶如祖傳秘方不外傳，承繼的都是同門子弟。雖然方法不一，但是對理解中國古文似乎大相徑庭。好比中國大陸使用中文拼音，而中國臺灣則使用注音符號，形式不一，但對於同一個漢字所發出的聲音還是一致的。毫無疑問，日本人發明的訓讀，是日本人理解中國典籍的一條有效捷徑。時至今日，漢文訓讀仍然是日本高中生考大學的必考課程。可見，用訓讀的方法理解中國古文的技能，幾乎都潛伏在每一個日本人的頭腦裡。因此，對中國人來説，理解日本人，要知道他們會訓讀的本領。比方説，一個中國人古文功底很差，而一個日本人，訓讀能力很强，在理解中國古文方面,日本人往往比中國人更勝一籌,這並不是神話。

由上可知,《論語》傳到日本以後,自從片假名發明以來,日本人用訓讀的方法,一代又一代孜孜不倦地閱讀著《論語》。

一千多年來,《論語》在日本一直很受寵,從來没有被排擠過,時至今日,在中國典籍中,《論語》依然最受推崇。走進日本任何一家書店,恐怕都不難找到《論語》的位置。

關於《論語》流傳日本的底本,前後有兩種。一是可見於古代日本律令中的鄭玄注、何晏集解以及平安時代《日本國見在書目録》中爲代表的皇侃《論語義疏》,二是朱熹的《論語集注》。前者爲古注,後者爲新注。新注《論語》在日本更受重視,比如明治書院出版的『新釋漢文大系』中的吉田賢抗氏的《論語》注釋本,其底本爲朱熹的《論語集注》。現爲日本中國學會會長的土田健次郎氏最近譯注了《論語集注》(詳見《論語集注》,東洋文庫,二〇一三—二〇一五年)。

江户時代之前,日本雖有各式《論語》訓讀方法,卻鮮有《論語》注釋著作。日本《論語》注釋的形成及高峰期均在江户時代,其中最重要的著作有兩部:一是伊藤仁齋(一六二七—一七〇五)的《論語古義》,另一部是荻生徂徠(一六六六—一七二八)的《論語徵》。

伊藤仁齋早先是朱子學派人物,但在《論語古義》里,卻義無反顧地站在反朱子學的立場上。同樣反對朱子學的荻生徂徠,在其《論語徵》里也反對伊藤之學。後來松平賴寬將上述兩部著作和何晏《論語集解》、朱熹《論語集注》編印到一起,名爲《論語徵集覽》,大大便利對比閲讀。

本套叢書收録了松平賴寛《論語徵集覽》、山本日下《論語私考》、三野象麓《論語象義》、山本樂所《論語補解》、田中履堂《論語講義並辨正》等系列著作，均是江户時代最有影響的《論語》注釋著作，其中三種帶有訓點符號，對閲讀或有不便，但這些著作第一次與國内讀者晤面，相信會對讀者學習、研究《論語》有所助益，甚至能對研究日本漢學乃至東亞儒家文化帶來好處，那正是編者所期待和引以為榮的。

国文学研究資料館博士研究員　張培華
二〇一六年十二月於東京

作者及版本

山本日下(一七二五—一七八八),名鸞,字文翼,一般通稱爲仙藏。出生於土佐,安永元年(一七七二)開設家塾名教館。另著有《日下詩集》。

《論語私考》原書爲寫本,西田壽助書寫,書寫年代不明。書高二十七厘米。全書少有蟲蝕,字體清晰美觀。封面題簽『論語私考』,封面内頁標記『松平康國舊藏』。四孔線裝,共五冊,十卷。正文爲袋裝型,封面内頁有『西田壽助寫之』字樣,以及『有序略之』標記。

正文部分間有紅色圈點,如『七十二弟子』中的『第』字加圈,旁邊用紅色標記『弟』字。第一冊收第一至第二卷,即『學而第一』至『里仁第四』; 第二冊收第三至第四卷,即『公冶長第五』至『泰伯第八』; 第三冊收第五至第六卷,即『子罕第九』至到『顔淵第十二』; 第四冊收第七至第八卷,即『子路第十三』至『季氏第十六』; 第五冊收第九至第十卷,即『陽貨第十七』至『堯曰第二十』。

目録

論語私考序

蓋古昔先王之道詩書禮樂而已矣所以治天下行教化者無以尚焉孔子生於周之末以大成之德拯斯文之將亡刪詩正樂贊易修春秋以自處以誨人於是乎先王之道折衷於孔子論語與六經並行凡學道藝者無不用力於論語也從漢儒而

降及宋明諸子爲之註解者不乏其人而各立一家之言互有得失矣吾日本專尊理學朱註獨行於世近世伊藤維楨著古義斥朱註然不能踰於宋儒之域也荻生茂卿倡復古之學著徵其徒太宰純作古訓大排理學而遵古註又有新奇之說唯其執說之銳亦不能無異同也

男華年甫弱冠讀論語不知所適從問定說於予予淺學何能論是非雖然懼使華也迷多岐爲拾諸儒之所長間附愚見以授之名曰論語私考非敢示人以取譖竊之罪也願華汎他日進于學發其所見以藏予拙此所以望於華也

天明元年辛丑夏六月穀旦

土佐後學山本䜌序

論語私考卷第一

土佐 山本鶯 撰

論語

荻生茂卿曰。論謂論定也。言先王之道。至於孔子而後論定也。語者。古者大學。有乞言合語。周官大司樂。有樂語。凡言之可以爲教者。皆謂之語。如語云。及請事斯語之類。可見已。故曰。謂之語者。裁然耳。此書以知命君子終始。鶯曰。論語之文詞。前十篇。簡而奇。後十篇。詳而實。可知非一人之撰也。不可知出於何人手也。先儒之說。有異同。皆不取。

學而第一

子曰。學而時習之。不亦說乎。有朋自遠方來。不亦樂乎。人不知而不慍。不亦君子乎。說音悅

馬融曰。子者。男子之通稱。蘐生茂卿曰。孔子去姓。知春秋公魯侯內辭也。大宰純曰。學者。學道藝也。時者。及時也。習。猶慣也。謂肄業也。慍。不豫也。皇侃曰。說者。懷抱欣暢之謂也。朱熹曰。朋。同類也。鄭玄曰。君子。卿大夫若有異德者。鸞曰。學習及時。何說

必

加之。故曰不亦說乎。蓋勸人之詞也。下之不亦乎
皆同意。樂者。心所適。不知倦。所謂不知老之將至
之意也。按學而不厭。誨人而不倦。不見知而不悔。
蓋孔子自處之以勸人。此章居首。録者之微意也。
有子曰。其爲人也。孝弟而好犯上者。鮮矣。不好犯上
而好作亂者。未之有也。君子務本。本立而道生。孝
弟也者。其爲仁之本與。弟大計反。字亦作悌。下同。好呼報反。下同。鮮仙善反。與音餘。
家語七十二弟子解曰。有若魯人。字子有。何晏曰。
上。謂凡在己上者也。鮮少也。言孝弟之人心恭

順。好欲犯其上者少也。大宰純曰。犯陵犯也。朱熹曰。務專力也。爲仁猶曰行仁也。邢昺曰禮尚謙退。不敢質言。故云與也。鶯曰本者對末詞也。仁者統名也。有以道言者。有以德言者。有一德之仁。有安民之仁。朱子以爲心之德。荻生子以安天下解之。皆膠所見。不能相通也。此章說自治之事。非安民之業也。

子曰。巧言令色。鮮矣有仁。（鮮仙善反、皇本仁上有有字、從之。）

包咸曰。巧言好其言語。令色善其顏色。皆欲令人說之少能其有仁。

曾子曰。吾日三省吾身。爲人謀而不忠乎。與朋友交。言而不信乎。傳不習乎。爲于僞反、皇本交人下有言字、從之

七十二弟子解曰。曾參。南武城人。字子輿。鄭玄曰。省者思察己之所行也。太宰純曰。三省。猶言三思三復也。三云者。不止三次。其實屢次也。謀畫策也。何晏曰。傳不習乎者。言凡所傳之事。得無素不講習而傳之乎。鸞曰。忠盡其心也。信不欺也。

子曰。道千乘之國。敬事而信。節用而愛人。使民以時。皇本道作導、從之

包咸曰。道治也。愛人者。國以民爲本。故愛之。使民以時者。作事使民。必以其時。不妨奪農務。馬融曰。道謂爲之政教也。大宰純曰。道字。合包馬二說。而其義裁備。敬者。愼重之謂也。號令不苟也。信者。不欺也。節用者。言制財用之節。而不敢踰也。朱熹曰。千乘。諸侯之國。其地可出兵車千乘者也。

子曰。弟子入則孝。出則弟。謹而信。汎愛衆。而親仁。行有餘力。則以學文。行下孟反

太宰純曰。謹者。出言不苟也。信者。不詐不欺也。親

者。昵也。行者。弟子之行。即上文孝弟謹信愛衆親仁是也。朱熹曰。仁謂仁者。鄭玄曰。文道藝也。鸞曰。弟子之於孝弟也。入亦於此。出亦於此。出入之字。非别内外。無間斷之意也。

子夏曰。賢賢易色。事父母能竭其力。事君能致其身。與朋友交。言而有信。雖曰未學。吾必謂之學矣。

七十二弟子解曰。卜商衛人。字子夏。孔安國曰。賢賢易色。言以好色之心好賢則善。邢昺曰。上賢。謂好尚之也。下賢。謂有德之人。荻生茂卿曰。致其身者。謂致身其職也。納身其職。視官如家也。必懸斷之辭。

子曰。君子不重則不威。學則不固。主忠信無友不如己者。過則勿憚改陸本勿無作毋

何晏曰。言人不敦重。既無威。學又不能堅固識其義理。太宰純曰。玉藻曰。君子之容舒遲。即所謂重也。威。可畏也。春秋傳云。有威而可畏謂之威。是也。威而不猛。君子之威也。鄭玄曰。憚。難也。欒肇曰。竊疑學字之上脫不字。言不學則不能

固執道也。主忠信。易曰。忠信所以進德也。禮記曰。忠信禮之本也。故君子以忠信爲主本也。

曾子曰。慎終追遠。民德歸厚矣。

孔安國曰。慎終者。喪盡其哀也。追遠者。祭盡其敬也。人君能行此二者。民化其德而皆歸於厚也

子禽問於子貢曰。夫子至於是邦也。必聞其政。求之與。抑與之與。子貢曰。夫子溫良恭儉讓以得之。夫子之求之也。其諸異乎人之求之與貢或作贛石經抑與作意予

七十二弟子解曰。陳亢陳人。字子禽。又曰。端木賜字子貢衛人。鄭玄曰。亢怪孔子所至之邦。必與聞其國政。求而得之耶。抑人君自願與之爲治耶。其諸異乎人之求之與者。言夫子行此五德而得之。與人求異。明人君自與之。朱熹曰。其諸語辭也。鸞曰。温。有和平之氣也。良有善美之才也。恭有莊敬之容也。儉有節約之行也。讓有退遜之言也。

子曰。父在觀其志。父沒觀其行。三年無改於父之道。可謂孝矣。

鸞曰。三其字指父也。言父在。觀其志意之所在以承之。父没觀其行事之所遺以奉之三年之父。不忍改於父之道。如此而後可謂孝矣父之道。凡父之所由而行之事也。不必善道。

有子曰禮之用和爲貴。先王之道斯爲美。小大由之有所不行知和而和不以禮節之亦不可行也石經無可字

鸞曰。禮之用。禮之所用也。非體用之用。斯字之字。皆指禮之和也。言禮之所用。以和爲貴。先王之道。以禮之和爲美。若能小大之事。由之而行。則何有

所不行乎。雖然唯知和之爲貴。而每事從和。不以禮爲節。亦不行也。亦字。與下章之亦同。

有子曰。信近於義。言可復也。恭。近於禮。遠恥辱也。因。不失其親。亦可宗也。

何晏曰。復覆也。荻生茂卿曰。義者。先王之義。禮者。先王之禮。因姻。婣古字通用。姻對睦。施於外親。若不對睦。施於内親。宗。如宗子宗周之宗。謂親族宗之也。孔安國曰。因。親也。太宰純曰。言亦者易曰。闚觀女貞。亦可醜也。與此亦字同文法。鸞曰。

信者。不欺踐言也。二近字。皆上聲。遠去聲。按信恭因三者。德行之名。而有子說之也。言信之爲德。不唯不欺人。不違於先王之義。可反覆言之者。曰之信。否則人厭聞之。不可復言之也。恭之爲德。不唯爲敬。不違於先王之禮。不受人之辱者。曰之恭。（否則徒足恭。）而招人之侮也。因之爲德。不唯親人。不失可親之人。而親族尊宗之者。曰之因。否則妄親人。而親族分背也。

子曰。君子食無求飽。居無求安。敏於事而慎於言

就有道而正焉。可謂好學也已（石經也已作已矣）
鄭玄曰。食無求飽。居無求安。學者之志有
所不暇。孔安國曰。敏疾也。有道。有道德者。
正。謂問事是非也。太宰純曰。孔子所謂道者。指
先王之道而言。鸞曰。愼於言。（爲）不敢觕言也。愼
字有戒守意。
子貢曰。貧而無諂。富而無驕。何如。子曰。可也。未若貧
而樂道。富而好禮者也。子貢曰。詩云。如切如磋
如琢如磨。其斯之謂與。子曰。賜也。始可與言詩

已矣告諸往而知來者也樂音洛皇本及石經樂下有道字從之皇本云作曰陸本磨作摩與音餘皇本章末有也字從之

邢昺曰。乏財曰貧。佞說爲諂。多財曰富。傲逸爲驕。太宰純曰。可者。許辭也。如言奏可報可印可。鄭玄曰。樂謂志於道。不以貧賤爲憂。若孔安國曰。能貧而樂道。富而好禮者。能自琢磨者也。諸之也。子貢知引詩以成孔子義。善取類也。故然之。往。告之以貧而樂道。來。答以切磋琢磨。毛萇曰。治骨曰切。象曰磋。玉曰琢。石曰磨。皇侃曰。言骨象玉石四物。須切磋乃得成器。如孔子說貧樂富禮。是自切磋成器之義。鸞曰。子貢初貧後貨殖。貧而無諂富而無驕者。蓋其素所能。故以此爲問。而孔子答以樂道好禮。而此二者。學以成德者也。子貢及聞孔子之言。知成德在學問。引詩以明切磋學問成器知道之功。可謂斷章取義。得詩之用者也。故孔子善之曰。賜也始可與言詩已矣。往者謂學之效。樂道好禮是也。來者謂德之所由來。切磋琢磨是也。

子曰。不患人之不己知也。患己不知人也（皇本上之知下有也字下之患下有己字從之）王肅曰。但患己之無能知也。

爲政第二

子曰。爲政以德。譬如北辰居其所而衆星共之（共俱勇反鄭本作拱）太宰純曰。德。謂德行也。荻生茂卿曰。禮樂得於身。謂之德。禮樂者道藝也。道藝在外。學而成德於我鄭玄曰。德者無爲。譬猶北辰之不移。而衆星拱之也。朱熹曰。北辰。北極。天之樞也。居其所。不動也。共。向也。言衆星四面旋繞而歸向之也。

子曰。詩三百。一言以蔽之。曰思無邪。

孔安國曰。三百者。篇之大數。邢昺曰。古者謂一句爲一言。思無邪者。詩之一言。魯頌駉篇文也。韓愈曰。蔽。猶斷也。包咸曰。思無邪歸於正太宰純曰。蔽之爲斷也。大禹謨云。官占惟先蔽志。古訓迺爾。思無邪。思如字。平聲。念也。邪不正也。凡詩出於人情。人情有邪正。去邪歸正。詩之所以道導情也。思無邪一言。足以斷三百篇之義。而學者或不知之。故孔子指而示之云。

子曰。道之以政。齊之以刑。民免而無恥。道之以德。齊之以禮。有恥且格。道音導

邪昺曰。道謂化誘也。孔安國曰。政謂法教。馬融曰。齊之以刑者。齊整之以刑罰。萩生苃茂鄉

曰。免者。能使民免於刑戮也。不止謂民有苟免之意。太宰純曰。德。卽前章爲政以德。亦謂上之德行也。格。卽有苗格之格。禮記緇衣篇所記夫子之言。與此章互相發明。而鄭註格訓來。其義甚明故此章格字。當從鄭訓爲是。

子曰。吾十有五而志于學三十而立四十而不惑五十而知天命。六十而耳順。七十而從心所欲不踰矩（石經于作乎）

荻生茂卿曰。學者。學先王之道也。詩書禮樂是已耳順。言天下莫有逆耳之言也。然彼豈無逆耳之言乎。我之不以爲逆也。孔安國曰。不惑。不疑惑。知天命。知天命之終始。馬融曰。矩法也。從心所欲無非法者也。鸞曰。立者有所自立也。謂立於先王之道。不惑者。知之盛也。謂明於先王之道。知天命者。能知窮達之分而安之也。唯君子而後能安命。故曰。不知命。無知命。無以爲君子也。此謂學以成君子之德也。耳順。不踰矩。二者德之盛。耳無逆言。所謂動容周旋中

禮者也此章孔子自言勤學之功漸得其效之序以勸人也舉年數者大槩言之耳

孟懿子問孝子曰無違樊遲御子告之曰孟孫問孝於我我對曰無違樊遲曰何謂也子曰生事之以禮死葬之以禮祭之以禮（論衡無作毋）

孔安國曰孟懿子魯大夫仲孫何忌也懿謚也七十二第子解曰樊須魯人字子遲邢昺曰無違者言行孝之道無得違禮也樊遲御爲夫子御車也鄭玄曰孟孫不曉無違之意

將問於樊遲。故告之樊遲。太宰純曰。能遵行先王之禮。以保祿位。以守宗廟。蓋卿大夫之孝也。君子之施教也。必視其人。懿子大夫也。夫子告之。以大夫之孝也。夫子何故答懿子之不詳。無知其意。不敢爲之說。嘗竊思之。夫子之誨人不憤不啓。不悱不發。學記曰。力不能問。然後語之。語之而不知。雖舍之可也。由此觀之。夫子之不盡言於懿子。豈非教 喻之道乎。

孟武伯問孝。子曰。父母唯其疾之憂。

馬融曰。武伯。懿子之子仲孫彘也。武謚也。鸞曰。其者。指父母也。禮記曰。孝子之有深愛者。必有和氣。有和氣者。必有愉色。有愉色者。必有婉容。又曰。父母有過。下氣怡色柔聲以諫。故孝子事父母無所不爲悅。而疾病則不可以不憂也。是以唯憂父母之疾。其餘則以悅事之。可以爲孝矣。

子游問孝。子曰。今之孝者。是謂能養。至於犬馬皆能有養。不敬何以別乎。鹽鐵論謂作爲七十二弟子解曰。言偃魯人。字子游。萩生茂卿曰。今之孝者。是謂能養。言今世所謂孝者非孝也。能養也。是謂云者。命之云爾。何晏曰。人之所養。乃能至於犬馬。不敬則無以別。孟子曰。食而弗愛。豕交之也。愛而不敬。獸畜之也。朱熹曰。養謂飲食供奉也。

子夏問孝。子曰。色難。有事弟子服其勞。有酒食先生饌。曾是以爲孝乎（食音嗣）

朱熹曰。色難謂事親之際。惟色爲難也。食飯也。太宰純曰。服。服行也。勞。勤勞也。馬融曰。先生謂父兄。饌。飲食也。荻生茂卿曰。曾。訓乃。鸞曰。言服勞先食。此何足以爲孝乎。柔吾色。以承順父母之意。然後爲孝矣。

子曰。吾與回言終日。不違如愚。退而省其私。亦足以發。回也不愚。

七十二弟子解曰。顏回。魯人。字子淵。孔安國曰。不違者。無所怪問於孔子之言。默而識之。如愚。蔡清曰。退。即孔子退也。兼吾字來。謂顏子退。則下有私字在。太宰純曰。省。視也。孔子視顏淵之私也。私者。公之反對也。孔門諸子以進見孔子爲公。其他朋友相與。及居家行事。皆謂之私也。發者。發行之發也。謂顏淵所聞於孔子者。後先發見於其言行也。

子曰。視其所以。觀其所由。察其所安。人焉廋哉。人焉廋哉。〔焉於虔反〕

何晏曰。以。用也。言視其所行用。由。經也。言觀其所經從。太宰純曰。此言君子觀人之法。當如是也。視其所以。視其所以言語。所以作事也。由如由道之由。由君子之道者爲君子。由小人之道者爲小人也。安。安而行之之安也。人無不有所安。所安者性之自然也。皇侃曰。視。直視也。觀。廣瞻也。察。沈吟用心忖度之也。邢昺曰。焉。安也。孔安國曰。廋。匿也。言觀人終始。安所匿其情也。

子曰。温故而知新。可以爲師矣。

鄭玄曰。温。讀如燖温之温。荻生茂卿曰。温訓尋燖尋古字通用。習之義也。故者。如國之故。天下之故。幽明之故。皆明有所指。蓋如典故故實之故。凡先世所傳者。皆謂之故。新者古人所不言。先師所不傳也。事變無窮。非能知此。則不足爲人師也。

子曰。君子不器。

太宰純曰。君子者。有位之通稱。公卿大夫皆是也。器者。喻人才也。有位在上者。當知在下之人才而用之。故曰君子不器。

子貢問君子。子曰。先行其言。而後從之。

周孚先曰。行之於未言之前。而言之於既行之後。

子曰。君子周而不比。小人比而不周。

孔安國曰。忠信爲周。阿黨爲比。太宰純曰。君子尚義。故周而不比。小人趨利。故比而不周。

子曰。學而不思則罔。思而不學則殆。

朱熹曰。不求於心。故昏而無得。不習其事。故危而不安。太宰純曰。少儀云。衣服在躬。而不知其名。爲罔。鄭玄注曰。罔。猶罔罔無知貌。
罔字亦作惘。

子曰攻乎異端。斯害也已。皇本已下有矣字

何晏曰。攻。治也。善道有統。故殊塗而同歸。異端不同歸。鸞曰。異端。家語註。猶多端也。先王之道有所統。詩書禮樂爲之本。故殊塗而同歸。外之趨多岐。背本事末者。不同歸。百家衆技是也。故攻多端者。非徒無益。害於道藝也已。

子曰。由。誨女知之乎。知之為知之。不知為不知。是知也女音汝皇本不知下有之字

七十二弟子解曰。仲由卞人。字子路。一字季路。邢昺曰。孔子以子路性剛。好以不知為知。故此抑之。

子張學干祿。子曰。多聞闕疑。慎言其餘。則寡尤。多見闕殆。慎行其餘。則寡悔。言寡尤。行寡悔。祿在其中矣史記學作問

七十二弟子解曰。顓孫師陳人。字子張。鄭玄曰。

干求也。祿。祿位也。包咸曰。尤過也。疑則闕之。其餘不疑。猶慎言之則少過。也。殆。危也。所見危者。闕而不行。則少悔也。邢昺曰。寡少也。呂大臨曰。疑者。所未信。殆者。所未安。朱熹曰。凡言在其中者。皆不求而自至之辭。大宰純曰。史記學作問。是也。奎志于道。思欲行之。然行道在祿位。苟無祿位也。其所學而得者。過乎獨善其身耳。此古之君子所以欲仕也。言祿不言位者。有祿必有位。荻生茂卿曰學而求祿。士子之常也。故孔子亦不責子張而直答以此。

哀公問曰。何爲則民服也。孔子對曰。擧直錯諸枉則民服。擧枉錯諸直則民不服（皇本何爲則民服下有也字從之錯七路及鄭本作措）瑯琊代醉編曰。擧直錯諸枉則民服。言擧直而加諸枉之上則民服。擧枉錯諸直則民不服。言擧枉而加諸直之上則民不服。錯猶置也。太宰純曰。諸之也。按繫辭云。擧而錯之天下之民。謂之事業。樂記云。致禮樂之道。舉而錯之天下。無難矣。由是觀之。舉錯只是事之次序。所謂錯之者。錯其所舉也。舉之與錯。非相反對。荻生茂卿曰。舉直錯諸枉。舉枉錯諸直者。本言積材木。蓋古有是言也

季康子問。使民敬忠以勸。如之何。子曰。臨之以莊則敬。孝慈則忠。舉善而教不能則勸

孔安國曰。季康子魯卿季孫肥。康謚也。

包咸曰。莊。嚴也。君臨民以嚴。則民敬其上。君能上孝於親。下慈於民。則民忠矣。擧用善人而教不能者。則民勸勉。萩生茂卿曰。善對不能。善猶能也。太宰純曰。善者如善射。善射。善御。善書善畫之善

或謂孔子曰。子奚不爲政。子曰。書云。孝乎惟孝。友于兄弟。施於有政。是亦爲政也。奚其爲爲政（皇本陸本石經皆乎作于。皇本是亦爲政下有也字。從之。陸德明曰。爲爲。一本無一爲字）

太宰純曰。爲政者。年執政柄之謂。春秋傳多言

爲政如曰趙宣子爲政曰我死子必爲政蔌生
茂卿曰孔子爲大夫時事也大夫服官政謂一
官之政也孔子爲大夫不秉柄於其官故或
人疑而問之有政政也言孝友之道自然行於
政事是亦秉柄於官政也書今本無孝乎二字
脱耳邪曷曰此周書君陳篇文是此也包咸
曰孝乎惟孝者美孝之辭也友于兄弟善於
兄弟也施行也鸞曰奚其爲爲政猶言奚
其爲爲政之爲

子曰人而無信不知其可也大車無輗小車無軏其何以行之哉

太宰純曰信者言而有信也不知其可者言不可行也包咸曰大車牛車也輗者轅端横木以縛軛者也小車駟馬車也軏者轅端上曲鉤衡者也朱熹曰車無此二者則不可以行人而無信亦猶是也

子張問十世可知也子曰殷因於夏禮所損益可知也周因於殷禮所損益可知也其或繼周

〇大者爲綱

、傳

者。雖百世亦可知也。陸德明曰可知也一本作可知矣鄭本作可知皇本百世下有亦字從之

皇侃曰。十世。謂十代。馬融曰。所因。謂三綱五常也。所損益。謂文質三統也。邢昺曰。白虎通云。三綱者何謂也。謂君臣、父子夫婦也。君爲臣綱。父爲子綱。夫爲妻綱。小者爲紀。所以張理上下。整齊人道也。太宰純曰。泰誓云。狎侮五常。五常字始見於此。孔安國云。輕狎五常教。侮慢不行。舜典云。愼徽五典。孔傳五常之教。父義。母慈。兄友。弟恭。子孝。然則

五常即五典也。自班固謂仁義禮智信爲五常。邢疏朱注。皆依之。蓋非古訓也。朱熹曰。文質謂夏尚忠。商尚質。周尚文。三統。謂夏正建寅爲人統。商正建丑爲地統。周正建子爲天統。三綱五常禮之大體。三代相繼。皆因之而不能變。其所損益。不過文章制度。小過不及之間。而其已然之跡。今皆可見。則自今以往。或有繼周而王者。雖百世之遠。所因所革。亦不過此。豈但十世而已乎。

子曰。非其鬼而祭之。諂也。見義不爲。無勇也。

鄭玄曰。人神曰鬼。非其祖考而祭之者。是諂以求福也。孔安國曰。義所宜爲而不能爲。是無勇也。

論語私考卷第一終

論語私考卷第二

土佐　山本鸞　撰

八佾第三

孔子謂季氏八佾舞於庭。是可忍也。孰不可忍也。

荻生茂卿曰：八佾舞連讀。馬融曰：佾。列也。孰誰也。天子八佾。諸侯六。卿大夫四。士二。八人為列。八八六十四人也。魯以周公故。受王者禮樂。有八佾之舞。今季桓子僭於其家廟舞之。故孔子譏之也。邢昺曰。謂者。評論之稱。人之僭禮。皆當罪責。不可容忍。季氏以陪臣而僭天子。最難容忍。故曰。若是可容忍。他人更誰不可忍也。鸞曰。佾數。何休杜預皆謂八八六十四人。六六三十六人。四四十六人。二二四人。此說得之。

三家者以雍徹。子曰。相維辟公。天子穆穆。奚取於三家之堂。陸本徹作撤

馬融曰。三家。謂仲孫叔孫季孫。雍。周頌臣工

篇名。天子祭於宗廟、歌之以徹祭。今三家亦作此樂、包咸曰、辟公。謂諸侯及二王之後。穆穆。天子之容。雍篇歌此者。有諸侯及二王之後、來助祭故也。今三家、但家臣而已。何取此義。而作之於堂耶。毛萇曰。相助也。朱熹曰、穆穆、深遠之意、天子之容也、太宰純曰。三家者以雍徹。此一句是叙孔子所爲發言。猶詩書之小序也。論語中、他章亦有宜有小序而無之者。所以其義難知。雍字。今詩作雝。奚取者。言無所取義也。凡古人歌詩賦詩。皆必有所取之義。今三家於徹歌雍詩。何所取也。此孔子所以譏之也。

子曰人而不仁。如禮何。人而不仁。如樂何。

包咸曰。言人而不仁。必不能行禮樂也。邢昺曰。如。奈也。鸞曰。有德謂之仁者。禮樂者所以成德也。所以行仁也。人而不仁無德而不能行仁。雖有禮樂。亦將奈之何。

林放問禮之本。子曰。大哉問。禮。與其奢也寧儉。喪與其易也寧戚。
荻生茂卿曰。本謂制作之所由也。制作者聖人之事。而放問之。故大其問。包咸曰。易和易也。邢昺曰。與。猶等也。奢。汰侈也。儉。約省也。鸞曰。奢與儉。以財用言之。易者。平易也。易與戚。以容貌言之。行禮之際。或過奢。或過儉。居喪之際。或過易。或過戚。皆不得中禮也。然制作之所由。徵諸行事。本諸人情。而節。儉則治財之要。哀戚則人情之常也。

故言之。使知禮之所作。本於人情行事之宜也。喪亦禮之一。而對禮特舉之者。亦明禮不出於人情之外耳。蓋備論禮之本。則不止儉戚。姑假此二者。使放思而得之也。

子曰。夷狄之有君。不如諸夏之亡也。亡音無

包咸曰。諸夏。中國也。亡。無也。邢昺曰。夏。大也。言禮儀之大也。程頤曰。夷狄且有君長。不如諸夏之僭亂。反無上下之分也。鸞曰。常當時諸侯。失爲　君之道。故孔子憤激歎之。

季氏旅於泰山。子謂冉有曰。女弗能救與。對曰。不能。子曰。嗚呼。曾謂泰山不如林放乎。

女音汝 與音餘

馬融曰。旅。祭名也。禮。諸侯祭山川在其封内者。今陪臣祭泰山。非禮也。冉有時仕於季氏。救。猶止也。邢昺曰。周禮大宗伯職云。國有大故則旅上帝及四望。鄭注云。故謂凶烖。旅。陳也。陳其祭事以祈焉。禮不如祀之備也。與。語辭。曾之言則也。朱熹曰。泰山山名在魯地。七十二弟子解曰。冉求字子有。仲弓之宗族。包咸曰。神不享非禮。林放尚知問禮。泰山之神。反不如林放邪。欲誣而祭之也。蔡清曰。此是將祭之時。此若是既祭。孔子何故教冉有救之。鸞曰。嗚呼句絕歎。季氏不知禮。冉有弗能救也。曾謂。孔子謂也。言予則謂。泰山神豈不知林放知禮乎。不享非禮必矣。蓋當時孔門林放有知禮之名。故稱之耳。

子曰。君子無所爭。必也射乎。揖讓而升下而飲。

其爭也君子。

萩生茂卿曰。揖讓而升下而飲。中間不可句。孔安國曰。言於射而後有爭也。王肅曰。射於堂。升及下。皆揖讓而相飲也。馬融曰。多筭飲少筭。君子之所爭也。鄭玄曰。下降也。飲射爵者亦揖讓而升降。勝者袒決遂。執張弓。不勝者襲。說決拾。卻左手。右加弛弓於其上而升飲。君子恥之。是以射則爭中。

子夏問曰。巧笑倩兮。美目盼兮。素以爲絢兮。

何謂也子曰繪事後素曰禮後乎子曰起予者商也始可與言詩已矣〔倩七練反盼普莧反絢呼縣反石經無者字〕毛萇曰倩好口輔盼白黑分馬融曰絢文貌鄭玄曰繪畫文也凡繪畫先布衆色然後以素分其閒以成其文孔安國曰孔子言繪事後素子夏聞而解知以素喻禮故曰禮後乎朱熹曰起猶發也起予言能起發我之志意太宰純曰盼字目旁作分別之分俗誤作眄非也子夏本不解繪事有疑於詩詞是以問之孔

子告之以畫法。荻生茂卿曰。素以爲絢兮何註以爲詩衛風碩人逸此一句。朱子併上三句直以爲逸詩。未詳孰是。素以爲絢兮。謂傅粉也。絢者。謂爛然有光也。美人得粉。美益彰。繢事得布素分間。五采益明。美質學禮。其美益盛。非美人也。粉適成醜。非五采也。布素何施。非忠信之人也。禮不可得而學。此章謂學禮貴美質也。鸞曰。禮後乎。非後倦之謂。蓋雖有美質。不學禮則無成其美。而只美質可以能學禮。故謂禮後乎耳。非尚質而輕禮也。始可與言詩已矣。與告子貢同。皆許與之辭也。詩之用不定。問詩而知禮。故孔子與之。

子曰。夏禮吾能言之。杞不足徵也。殷禮吾能言之。宋不足徵也。文獻不足故也。足則吾能徵之矣。夏戶雅反

包咸曰。杞宋二國名。夏殷之後也。鄭玄曰。獻。猶賢也。朱熹曰。徵。證也。文。典籍也。言二代之

禮。我能言之。而二國不足取以爲證。以其文獻不足故也。文獻若足。則我能取之以證吾言矣。

子曰。禘自既灌而往者。吾不欲觀之矣。或問禘之說。子曰。不知也。知其說者之於天下也。其如示諸斯乎。指其掌

孔安國曰。禘祫之禮。爲序昭穆也。故毁廟之主。及群廟之主。皆合食於太祖。灌者。酌鬱鬯灌於太祖。以降神也。既灌之後。列尊卑。序昭穆。

審

而魯爲逆祀。躋僖公。亂昭穆。故不欲觀之矣。
答以不知者。爲魯君諱也。邢昺曰。諱國惡
禮也。鄭玄曰。魯禮。三年喪畢。而祫於太祖。
明年春。禘於群廟。自爾之後。五年而再殷
祭。以遠主初始入祧。新死之主。又當與先君
相接。故禮因是而爲大祭。以審序昭穆。故
謂之禘。禘者。諦也。言使昭穆之次審諦而不
亂也。祫者。合也。朱熹曰。示。與視同。指其掌
者。弟子記夫子言此而自指其掌。言其明

且易也。太宰純曰。而往。猶言以後也。或問禘之說。
當合上章爲一章。蓋因有上章孔子之言。而或
人問其說也。夫祀國之太事。禘宗廟之太祭
也。尤不可以不正其禮。魯之君臣。不知其禘之
悖禮。因循行之。故孔子譏之。而或人請聞其
說。孔子答以不知。爲魯君諱也。因言知有知
者
其說者。是知禮也。夫苟知禮。雖於天下。亦
無難矣。譬猶視掌中之物也。

祭如在。祭神如神在。子曰。吾不與祭如不祭

與音預

蔡生茂卿曰祭如在者蓋古禮經之文也祭神如神在者傳者之言也上舉古經傳之文下引孔子之言以證之包咸曰孔子或出或病而不自親祭使攝者爲之故不致肅敬於心與不祭同也太宰純曰凡祭主於敬不主於誠敬在禮禮盡斯敬至敬至斯誠至所謂如在者盡禮而已

王孫賈問曰[illegible]與其媚於奥寧媚於竈何謂

也。子曰。不然。獲罪於天。無所禱也。

孔安國曰。王孫賈衛大夫也。奧內也。爾雅曰。西南隅謂之奧。邢昺曰。以其隱奧。故尊者居之。朱熹曰。媚親順也。與其媚於奧。寧媚於竈。喻自結於君不如阿附權臣也。賈衛之權臣。故以此諷孔子。太宰純曰。賈所問。當時俗話也。奧者尊位。竈卑而朝夕用事者也。話意以人無所媚則已。如求媚則於奧不若於竈之得要也。天者。指蒼蒼之天而言。天之冥冥。其神至尊。其命叵測。是以君子畏之。鸞曰。不然。以媚於竈爲不然也。言媚於權臣。其罪尤重。必獲罪於天。而鬼神皆棄之。其何神之禱以能免其罪乎。所以暗責賈之諷意也。

子曰。周監於二代。郁郁乎文哉。吾從周。

孔安國曰。監視也。邢昺曰。二代謂夏殷也。郁郁文章貌。朱熹曰。言其視二代之禮。而損益之。荻生茂卿曰。監如儀監於殷之監。蓋以二代爲監戒。曲爲之防。故制度詳密。所以文也。
孔子從之。以備也。以時也。

子入大廟每事問。或曰。孰謂鄹人之子知禮乎。入大廟。每事問。子聞之曰。是禮也。

包咸曰。大廟。周公廟。孔子仕魯。魯祭周公。而助祭也。孔安國曰。鄹。孔子父叔梁紇所治邑也。時人多言孔子知禮。或人以爲知禮者不當復問也。荻生茂卿曰。鄹人子者。輕孔子之稱。是禮也者。古必有此禮。言是乃入大廟之禮也。

子曰。射不主皮。爲力不同科。古之道也。

馬融曰。射有五善焉。一曰。和。志體和也。二曰。容。有容儀也。三曰。主皮。能中質也。四曰。和頌。合雅頌也。五曰。興武。與舞同也。天子有三侯。以熊虎豹皮爲之。言射者不但以中皮爲善。亦兼取和容也。爲力。爲力役之事。亦有上中下。設三科焉。故曰不同科也。鄭玄曰。庶民無射禮。因田獵分禽。則有主皮。主皮者。張皮射之。無侯也。

荻生茂卿曰。主皮者。無候。張獸皮而射之。主於獲也。邢昺曰。古之道也者。結上三事。皆前古所行之道也。太宰純曰。但言古、之道。所以見今之非也。

子貢欲去告朔之餼羊。子曰。賜也。爾愛其羊。我愛其禮。石經爾作汝

鄭玄曰。天子頒朔于諸候。諸候藏之祖廟。至朔朝于廟。告而受行之。牲生曰餼。禮。人君每月告朔於廟。有祭。謂之朝享。魯自文公始不

視朔。子貢見其禮廢。故欲去之。朱熹曰。愛猶惜也。子貢蓋惜其無實而妄費。包咸曰。羊存猶以識其禮。羊亡禮遂廢也。

子曰。事君盡禮。人以爲諂也。

孔安國曰。時事君者多無禮。故以有禮者爲諂也。

定公問。君使臣。臣事君。如之何。孔子對曰。君使臣以禮。臣事君以忠。

孔安國曰。時臣失禮。定公患之。故問之也。邢昺曰。言禮可以安國家定社稷。止由君不用禮則臣不竭忠。故對曰。君之使臣以禮。則臣必事君以忠也。太宰純曰。魯三家之強舊矣。至於季桓子。逐昭公。而昭公死于乾侯。其不臣極矣。定公以兄繼立。不自安於其位。故有是問也。

子曰。關雎樂而不淫。哀而不傷。樂音洛

邢昺曰。關雎者。詩國風周南首篇名。孔安國曰。樂不至淫。哀不至傷。言其和也。荻生茂卿曰。蓋言其得中和之聲也。

哀公問社於宰我。宰我對曰。夏后氏以松。殷人

以柏。周人以栗曰。使民戰栗也。子聞之曰。成事不說。遂事不諫。既往不咎。皇本戰栗下有也字從之

荻生茂卿曰。社字鄭本作主。見皇疏。張包周三家本亦皆作主。見邢疏。何休杜預。皆用之以解春秋。今按。練主用栗見戴記。則本文作主字爲是。使民戰栗。言敬也。此宰我以意解之、也。三言者蓋古諺。孔子誦之以責宰我也。包咸曰。事已成。不可復解說也。事已遂。不可復諫止也。事已往。不可復追咎也。孔子非宰我。故歷言

此三者。欲使慎其後也。

子曰管仲之器小哉。或曰。管仲儉乎。曰。管氏有三歸。官事不攝。焉得儉。曰。然則管仲知禮乎。曰。邦君樹塞門。管氏亦樹塞門。邦君爲兩君之好。有反坫。管氏亦有反坫。管氏而知禮孰不知禮焉於虔反、皇本焉得儉下有乎字、然則上有曰字、從之、石經邦作國、下同、好呼報反、皇本孰不知禮下有也字、

朱熹曰。管仲。齊大夫。名夷吾。相桓公霸諸侯。三歸。臺名。事見說苑。何晏曰。器小哉。言其器量小也。包咸曰。或人見孔子小之以爲謂之大儉也。

或人以儉問。故答以安得儉。或人聞不儉。使謂爲得禮也。禮國君事大。官各有人。大夫兼并。今管仲家臣備職。非爲儉也。攝猶兼也。爾雅曰。屏謂之樹。鄭玄曰。塞猶蔽也。人君有別內外於門。樹屏以蔽之。禮。天子外屏。諸侯內屏。反坫反爵之坫也。在兩楹之間。若與鄰國君爲好會。其獻酢之禮。更酌。酌畢則各反爵於坫上。今管氏皆僭爲之。如是。是不知禮也。皇侃曰。坫者。築土爲之。形如土堆。太宰純曰。孔子嘗大管仲之功。而盛稱之。今爲此言者。特惜其不能令桓公成王業耳。史記管仲傳贊曰。管仲世所謂賢臣。然孔子小之。豈以爲周道衰微。桓公既賢。而不勉之至王。乃稱霸哉。

子謂魯大師樂曰。樂其可知也。始作翕如也。從之純如也。皦如也。繹如也。以成（皇本可知也下有已字）

何晏曰。大師。樂官名也。從。讀曰縱。五音既發。放縱盡其音聲。皦如。言其音節明也。縱之以純如。皦如。繹如。言樂始於翕如。而成於三者

給

也。朱熹曰。翕。合也。邢昺曰。如。皆諸辭。繹如者。言其音絡繹然相續不絶也。太宰純曰。謂八音合奏也。純。不雜也。蔡清曰。翕如與純如則有先後。純如與皦如繹如則一時事。不可分先後。鸞曰。孔子於樂。所得而知者如此。故語大師。

儀封人請見。曰。君子之至於斯也。吾未嘗不得見也。從者見之。出曰。二三子何患於喪乎。天下之無道也久矣。天將以夫子爲木鐸。請見之見賢遍反皇本斯也作斯者喪息浪反皇本無道下無也字鄭玄曰。儀蓋衛下邑也。邢昺曰。嘗曾也。包咸曰。從者是弟子隨孔子行者也。通使得見也。朱熹曰。封人。掌封疆之官。蓋賢而隱於下位者也。君子謂當時賢者。至此皆得見之。自言其平日不見絶於賢者。而求以自通也。喪謂失位去國。禮曰。喪欲速貧是也。木鐸。金口木舌。所以徇於道路。言天使夫子失位周流四方。以行其教。如木鐸之徇於道路也。太宰純曰。封人不曾知孔子。而亦知天命有在者也。

子謂韶盡美矣。又盡善也。謂武盡美矣。未盡善也（皇本又盡善也作又盡善矣）

孔安國曰。韶舜樂名也。武武王樂也。邢昺曰。韶。紹也。德能紹堯。故樂名韶。武王以武得名。故名樂曰武。荻生茂卿曰。善美非關舜武行事。皆謂樂之聲容也。美以其大者言之。善以其小者言之。盡善者。言後世學是樂者。悉得其傳。而無遺失也。樂記。孔子與賓牟賈言及樂。孔子問武之義。而賈答以其所聞。

孔子曰。聲淫及商何也。對曰。非武音也。子曰。若非武音則何音也。對曰。有司失其傳也。若非有司失其傳。則武王之志荒矣。子曰。唯丘之聞諸萇弘。亦吾子之言。是武未盡善之說也。

子曰。居上不寬。爲禮不敬。臨喪不哀。吾何以觀之哉

萩生茂卿曰。寬。謂有容也。太宰純曰。御衆以寬。禮者敬而已矣。喪思哀。三者若失其道則雖

有他善。其人無足觀者也。鸞曰。漢書顔師古註云。臨哭也。按哭吾喪。哭人喪。皆謂之臨也。

里仁第四

子曰。里仁爲美。擇不處仁。焉得知。焉於虔反知音智趙岐曰。里。居也。仁最其美者也。夫簡擇不處仁。爲不知。荻生茂卿曰。孟子引此章之言而曰。夫仁天之尊爵也。人之安宅也。又曰。居仁由義。又曰。居天下之廣居。荀子曰。仁有里義有門。仁非其里而虛之。非禮也。義非其門而由之。非義也。註虛讀爲居。聲之誤也。

子曰。不仁者不可以久處約也。不可以長處樂也。仁者安仁。知者利仁。（樂音洛 知音智 皇本有二也字從之）朱熹曰。約窮困也。孔安國曰。不可以久處約。久困則爲非也。不可以長處樂。必驕佚。包咸曰。仁者安仁。唯性仁者自然體之。故謂安仁。皇肅曰。知者利仁。知仁爲美。故利而行之。

子曰。唯仁者能好人。能惡人。（好呼報反 惡烏路反）鸞曰。唯仁者而後能好可好人。惡可惡人。不失其實也。

子曰。苟志於仁矣。無惡也。惡如字

孔安國曰。苟誠也。言誠能志於仁。則其餘終無惡也。太宰純曰。苟之訓誠。古辭之常也。然苟本苟且之義。雖訓誠。仍有苟且之意。故苟訓誠。誠亦訓苟。戰國秦漢人語多然。誠者辭也。其意輕。若以爲誠實之義。則失古人之旨矣。

子曰。富與貴。是人之所欲也。不以其道。得之不處也。貧與賤。是人之所惡也。不以其道。得之不去也。君子去仁。惡乎成名。君子無終食之間違仁。造次必於是。顛沛必於是（漢書論衡皆處作居上惡烏路反下惡音烏）

邢昺曰惡乎猶於何也。造次。猶言草次也太宰純曰成名謂成功名。終食之間即所謂食頃也。違猶離也。馬融曰造次急遽也顛沛偃仆也雖急遽偃仆不違仁。鶚曰。其道下句言富與貴是人之所欲也然不以可得之道則雖得富貴不處也。貧與賤是人之所惡也然不以可去之道則雖得貧賤不去也。道即仁也不以道則不仁。故下曰。君子去仁。惡乎成名。

子曰。我未見好仁者。惡不仁者。好仁者無以尚之惡不仁者。其爲仁矣不使不仁者加乎其身有能。日用其力於仁者矣乎。我未見力不足好呼報反下同、石經上好仁下無者字、惡烏路反下同、皇本於仁下有者字從邢本下我作者、皇本不足言下有也字從之皇本蓋有之矣作蓋有之乎者也。蓋有之矣我未之見也。

孔安國曰。無以尚之。難復加也。惡不仁者。其爲仁矣。不使不仁者加乎其身。言惡不仁者。能使不

不使

仁者。不加非義於己。不如好仁者。無以加尚之爲優有能一日用其力於仁者矣乎。我未見力不足者也。言人無能一日用其力修仁者耳。我未見欲爲仁。而力不足者也。蓋有之矣。我未之見邢昺曰。尚。上也。太宰純曰。尚。如草尚之風之尚。謂出其上也。無以尚之。言天下之善無以尚之也。其爲仁者。言今日雖未能爲仁。異日其必能爲仁也。其字有期。期必期待期望之意。非指目前言也。易云。其亡其亡。詩云。其雨其言將亡也雨。言將雨也。朱熹曰。蓋有之矣。謂有用力而力不足者。蓋。疑辭。

子曰人之過也。各於其黨。觀過斯知仁矣（皇本人作民）

孔安國曰。黨。黨類也。鸞曰。人各異趣而不同類。故其所過亦各於其類。只能自觀察其過。斯可以知仁矣。何則仁則不有過。不仁則有過。故能自觀其過者必知仁矣。

子曰。朝聞道。夕死可矣。（石經矣作也）

太宰純曰。言人必當聞道。不可以其無死已而不聞也。鸞曰。人而不聞先王之道。無以爲士也。死在夕。而朝聞道。不爲遲而無益也。

子曰。士志於道。而恥惡衣惡食者。未足與議也。

萩生茂卿曰。士志於道絕句言士必志於道也鸞曰士志於道者也恥惡衣惡食者小人之志也士而有小人之志無以爲士何以足評議其得失乎未足與議也假令人議其得失孔子不欲相與議之也

子曰君子之於天下也無適也無莫也義之與

比也。皇本章末有也字從之

范甯曰。適莫猶厚薄也。比親也。言君子與人。無有偏頗厚薄。唯義是親也。萩生茂卿曰。佛經云。無所適莫。注曰。適親也。莫疎也。一云適主也。莫定也。言無主定於親疎也。此二說。與范甯之注。言殊而旨一也。皆古訓也。當從之。

子曰。君子懷德。小人懷土。君子懷刑。小人懷惠。

鸞爲曰。說文曰。懷念思也。君子欲成道德。故懷德小人安土。無四方之志。故懷土。君子固守典刑。故懷刑。小人好行小惠。故思惠。

子曰。放於利而行。多怨。

孔安國曰。放依也。每事依利而行之者。取怨之道也。

子曰。能以禮讓爲國乎。何有。不能以禮讓爲國。如禮何。後漢書劉愷班昭傳乎上有於從政三字

邢昺曰。爲猶治也。何晏曰。何有者。言不難也。包咸曰。如禮何者。言不能用禮也。太宰純曰。禮以

讓爲本。故曰禮讓。孔子言。若有能以禮讓爲國者乎。其何難之有。即不能以禮讓爲國。雖有禮法。既無其本。尚焉用禮。其不能爲國必矣。

子曰。不患無位。患所以立。不患莫己知。求爲可知也。皇本己知下有也字

朱熹曰。所以立。謂所以立乎其位者。可知。謂可以見知之實。包咸曰。求善道而學行之。則人知己。

子曰參乎吾道一以貫之。曾子曰。唯。子出。門人問曰。何謂也。曾子曰。夫子之道忠恕而已矣。

皇本貫下有哉字

荻生茂卿曰。吾道先王之道也。先王之道孔子所由。故曰吾道也。一謂仁也。邢昺曰。貫統也。朱熹曰。貫通也。孔安國曰。直曉不問。故答曰唯也。太宰純曰。門人。孔子門人也。鸞曰。仁善之統名也。先王之道即仁也。學以成德亦仁也。能成其德。則一於仁而無二端。衆善自此出。無行而非仁者。此之謂一以貫之也。孔門之教仁而已矣。言一則一於仁。可從而知矣。蓋先王之道在德行。如多學而識之。唯學問之所由。而其要歸於成德耳。不然則所謂記誦之學。而非孔門之教。故孔子曰。賜也女以予爲多學而識之者與。亦所以教學問之道。不止多學而識之。在成一貫之德於己也。忠恕者仁之一事。而忠者。爲人謀而盡己之心也。恕者己所不欲勿施於人也。交人行仁無先於忠恕。故曾子曰。夫子之道。忠恕而已矣。孔子之言。謂仁之所統。以明先王之道。在成仁德於己。曾子之言。謂行仁之先務。以明先王之道在德行也。按非曾子與子貢。獨得聞一貫。而又有優劣。偶論語中有二子。所録有詳略耳。

子曰君子喻於義。小人喻於利。

孔安國曰喻猶曉也。荻生茂卿曰。君子者在上之人也。雖在下。而有在上之德。亦謂之君子。小人者細民也。雖在上。而有細民之心。亦謂之小人。義先王之義。詩書所言是也。鸞曰。君子志於義。不謀其利。故每事喻於義。小人反是。

子曰。見賢思齊焉。見不賢而內自省也。

包咸曰。思齊者。思與賢者等也。太宰純曰。內謂心中也。爾雅云。省察也。

子曰。事父母幾諫。見志不從。又敬不違。勞而不怨。皇本敬下有而以二字

包咸曰。幾微也。言當微諫納善言於父母

也。見志者見父母志有不從己諫之。則又當恭敬。不敢違父母意而遂己之諫也。朱熹曰。此章與内則之言相表裏。幾微也。微諫所謂父母有過下氣怡色柔聲以諫也。見志不從又敬不違。所謂諫若不入。起敬起孝。悦則復諫也。勞而不怨。所謂與其得罪於鄉黨州閭。寧熟諫。父母怒不悦而撻之流血不敢疾怨。起敬起孝也。

鄉

子曰。父母在。不遠遊。遊必有方。皇本在下有子字鄭玄曰。方猶常。荻生茂卿曰。方如博學無方、之方。

子曰。三年無改於父之道。可謂孝矣。

太宰純曰。此言重出。凡論語中。言同而重出者。皆夫子所屢言也。於是可以見其意矣。其言或詳或略。隨時不同。非有意也。記者又非一人。各自記所聞。所以有異同也。後皆放此。

子曰。父母之年。不可不知。也一則以喜。一則以懼。

朱熹曰。知猶記憶也。孔安國曰。見其壽考則喜。見其衰老則懼。

子曰。古者言之不妄出也。恥躬之不逮也。皇本出上有妄字出下有也字從之

包咸曰。古人之言不妄出口者。爲恥其身行之將不及也。朱熹曰。言古者。以見今之不然。邢昺曰。躬身也。逮及也。

子曰。以約失之者鮮矣。鮮仙善反

陸德明曰。鮮少也。萩生茂卿曰。約窮約也。此

卽孟子所謂。生於憂患。而死於安樂之意。

子曰。君子欲訥於言。而敏於行。

包咸曰。訥遲鈍也。言欲遲。而行欲疾。邢昺曰。敏疾也。

子曰。德不孤。必有鄰。

朱熹曰。鄰猶親也。德不孤立。必有類應。故有德者。必有其類從之。如居之有鄰也。

子游曰。事君數。斯辱矣。朋友數。斯疏矣。（數色角反）

韓愈曰。數頻數也。太宰純曰。凡事君者。其進見當以禮。不可頻數。頻數則狎。狎則忘敬。是爲冒瀆至尊。取辱之道也。朋友之交。亦宜相接以禮。不可頻數。頻數則狎。狎則忘敬。是爲褻嫚。君子。所以見疏也。夫頻數一也。於君取辱。於朋友見疏。尊卑之勢異也。

論語私考卷第二 終

論語私考卷第三

土佐　山本鸞撰

公冶長第五

子謂公冶長可妻也雖在縲絏之中非其罪也以其子妻之妻七反下

七十二弟子解曰公冶長魯人字子長孔安國曰縲黑索也絏攣也所以拘罪人也邢昺曰納女於人曰妻

子謂南容邦有道不廢邦無道免於刑戮以

其兄之子妻之妻七細反

七十二弟子解曰南宮縚魯人字子容朱熹曰又名适謚敬叔孟懿子之兄也王肅曰不廢言見任用也皇侃曰昔時講說好評公冶南容德有優劣故有已女兄女之異侃謂一人無勝負也卷舒隨世乃得有知而枉濫獲罪聖人猶然亦不得以公冶爲劣也以已女妻公冶兄女妻南容者非謂其輕重政是當其年相稱而嫁事非一時在次耳則可無意其間也太宰純曰

注疏本連上章爲一章朱熹依之今從古本

子謂子賤君子哉若人魯無君子者斯焉取斯焉於虔反

七十二弟子解曰宓不齊魯人字子賤包咸曰若人者若此人也程頤曰斯助諸鸞曰言子賤若此君子而魯無君子者何有知子賤之德以取用之者乎孔子之言在未仕之先與在既仕之後與今不可考假令在仕之後亦不過治單父也此稱子賤之德而病無舉用之者

子貢問曰賜也何如子曰女器也曰何器也曰瑚

璉也女音汝

孔安國曰汝器也言汝是器用之人包咸曰瑚璉者黍稷之器也夏曰瑚殷曰璉周曰簠簋宗廟之器貴者也太宰純曰瑚璉者宗廟之貴器宗廟者行大禮出大政之所也人臣唯爲卿相者得上廟堂然則子貢其卿相之材也與此章與君子不器章語意自别

或曰雍也仁而不佞子曰焉用佞禦人以口給屢憎於人不知其仁也焉用佞焉於虔反下同於人之人皇本作民皇

本其仁下有也字從之

邢昺曰佞口才也孔安國曰屢數也佞人口辭捷給數爲人所憎也朱熹曰禦當也猶應荅也給辯也再言焉用佞所以深曉之蘐曰仁有一德之仁有一事之仁若此章以成德全備言之故孔子不與其仁也後凡言不知其仁者放此

子使漆雕開仕對曰吾斯之未能信子說說音悅

七十二弟子解曰漆雕開蔡人字子若荻生茂卿曰吾學之可以從政吾自信之而後可以仕開未

自信故云爾孔子之勸仕以其材可以從政也孔子之說之以其志大而不欲小試也

子曰道不行乘桴浮于海從我者其由也與子路聞之喜子曰由也好勇過我無所取材（皇本與上有也字從之與）（音餘好呼報之）

馬融曰桴編竹木也大者曰栰小者曰桴孔安國曰子路聞之喜喜與己俱行也鄭玄曰子路信夫子欲行故言好勇過我也無所取材者言無所取桴材也以子路不解微言政戲之耳陸德明曰過

字絶句鸞曰孔子傷時之心不能自已非顯言可以盡之假曰浮于海以發其微意而子路勇者爲孔門禦侮之人故與之耳子路不解微言故以我無所取材戲之若實然則豈無所取材乎此所以使子路知前言亦戲言而微意在其中也

孟武伯問子路仁乎子曰不知也又問子曰由也千乘之國可使治其賦也不知其仁也求也何如子曰求也千室之邑百乘之家可使爲之宰也不知其仁也赤何如子曰赤也束帶立於朝可使與賓

客言也不知其仁也（魯論賦作傳）

孔安國曰賦兵賦千室之邑卿大夫之邑也卿大夫稱家諸侯千乘卿大夫百乘宰家臣朱熹曰賦兵也古者以田賦出兵故謂兵爲賦春秋傳所謂悉索兵賦是也七十二弟子解曰公西赤魯人字子華馬融曰公西華有容儀可使爲行人鸞曰不知也者與仲弓不知其仁同說見前章

子謂子貢曰女與回也孰愈對曰賜也何敢望回回也聞一以知十賜也聞一以知二子曰弗如也吾

與女弗如也女音汝下同吾與女弗如也論衡作吾與汝俱不如也下女陸本作爾

孔安國曰愈猶勝也邢昺曰望謂比視也弗者不之深也荻生茂卿曰孔子旣喜子貢自知之明又自言己亦不如亦使爾多財吾爲爾宰之意聖人好賢之誠也太宰純曰知十知二姑以數目喻其不及之遠耳

宰予晝寢子曰朽木不可雕也糞土之牆不可杇也於予與何誅子曰始吾於人也聽其言而信其行今吾於人也聽其言而觀其行於予與改是寢七荏反論衡宰予

作宰我漢書董仲舒傳朽上有腐字皇本陸本皆朽作圬史記同與音餘

荻生茂卿曰晝寢者晝居內寢也孔子嘗適季氏康子晝居內寢孔子問其所疾禮君子不有大故則不宿於外非致齊也非疾也則不晝處內今宰我無故晝寢其不善有不可言者故孔子深責之惟於季孫則問其疾於宰予則責之者予親故也

包咸曰朽腐也雕雕琢刻畫也王肅曰圬墁也二者喻雖施功猶不成也皇侃曰圬謂圬墁之使之平泥也孔安國曰誅責也今我當何責於女深

責之辭也改是者始聽言信行今更察言觀行發於宰我之晝寢也朱熹曰宰我能言而行不逮故孔子自言於予之事而改此失亦以重警之也太宰純曰下子曰非必行文乃更端之辭耳聽其言而信其行聽亦有信受之意

子曰吾未見剛者或對曰申棖子曰棖也慾焉得剛焉於虔反

荻生茂卿曰剛與柔對以其質果烈言之孔安國曰慾多情慾也太宰純曰不橈者剛慾者充嗜好

之甚者皆是也非惟聲色財利之慾慾能橈剛故慾則不剛包咸曰申棖魯人也

子貢曰我不欲人之加諸我也吾亦欲無加諸人

子曰賜也非爾所及也

馬融曰加陵也孔安國曰非爾所及也言不能止人使不加非義於己也邢昺曰爾女也荻生茂卿曰言人以非義之事加諸也是己心之所不欲也吾則欲使其人無加非義之事於他人也自彼視己已亦他人故孔安國變人爲己明其義耳本文

人我相對而下吾字不對人而言其所以變文可以見己鸞曰上人字陵人之人也下人字己與他人見陵於人之人也

子貢曰夫子之文章可得而聞也夫子之言性與天道不可得而聞也（皇本章末有已矣二字）

大宰純曰文章謂詩書禮樂也孔安國曰性者人之所受以生也天道者元亨日新之道深微故不可得而聞也鸞曰可得而聞也聞而得於我也不可得而聞也雖聞難得於我也

子路有聞未之能行唯恐有聞

孔安國曰前所聞未能及得行故恐後有聞而不竝行也鸞曰有聞者聞孔子說先王之道也

子貢問曰孔文子何以謂之文也子曰敏而好学不恥下問是以謂之文

孔安國曰孔文子衞大夫孔圉也文謚也敏者識之疾也下問問凡在己下者也邢昺曰案謚法勤學好問曰文蘇軾曰孔文子使大叔疾出其妻而妻之疾通於初妻之娣文子怒將攻之訪於仲尼

仲尼不對命駕而行疾奔宋文子使疾弟遺室孔姞其爲人如此而謚曰文此子貢之所以疑而問也孔子不没其善言能如此亦足以爲文矣非經天緯地之文也

子謂子産有君子之道四焉其行己也恭其事上也敬其養民也惠其使民也義

孔安國曰子産鄭大夫公孫僑

子曰晏平仲善與人交久而人敬之 皇本而下有人字從之

周生烈曰齊大夫晏姓平謚也名嬰皇侃曰此善

交之驗也凡人交易絶而平仲交久而人愈敬之
也

子曰臧文仲居蔡山節藻梲何如其知也知音智

包咸曰臧文仲魯大夫臧孫辰也文謚也蔡國君之守龜也出蔡地因以爲名長尺有二寸居蔡僭也節者栭也刻鏤爲山也梲者梁上楹也畫爲藻文言其奢侈也皇侃曰居猶畜也孔安國曰非時人謂之爲知也太宰純曰禮器云諸侯以龜爲寶又云家不寶龜鄕大夫稱家文仲居蔡所以爲僭

也明堂位云山節藻棁天子之廟飾也然則文仲山節藻棁亦僭也非徒奢侈也荻生茂卿曰居蔡與山節藻棁二事而皆僭也古者蓍龜皆藏諸宗廟則無藏龜之室故知山節藻棁非藏龜之室也

子張問曰令尹子文三仕爲令尹無喜色三已之無愠色舊令尹之政必以告新令尹何如子曰忠矣曰仁矣乎曰未知焉得仁崔子弑齊君陳文子有馬十乘棄而違之至於他邦則曰猶吾大夫崔子也違之之一邦則又曰猶吾大夫崔子違之何如子曰清

矣曰仁矣乎曰未知焉得仁焉於虔反下同魯論崔子作高子下同皇本他邦則下有又字一邦上有至字
孔安國曰令尹子文楚大夫姓鬬名於菟崔杼作亂陳文子惡之捐四十匹馬違而去之辟惡逆去無道求有道當春秋時臣陵其君皆如崔子無可者也朱熹曰令尹官名楚上卿執政者也崔子齊大夫名杼齊君莊公名光陳文子亦齊大夫名須無十乘四十匹也違去也李充曰子曰忠矣者進無喜色退無怨色公家之事知無不爲忠臣

之至也鸞曰令尹子文之忠即仁也陳文子之清亦仁也然一德之仁耳子張曰仁矣乎此以仁者聞之也尊曰仁則成德全備之稱而非二子之所及故孔子不許之前章不知其仁亦同

季文子三思而後行子聞之曰再思斯可矣皇本再下有思字從之

鄭玄曰季文子魯大夫季孫行父也文謚也蔡清曰三思者謂所思已審而復展轉思之無已非謂三次思量爲三思也鸞曰季文子雖有賢名行事

多闕人遍稱之三思而後行子聞之不信曰文子若能再思則斯可矣再思且不可信惡能意

子曰甯武子邦有道則知邦無道則愚其知可及也其愚不可及也知音智

馬融曰衛大夫甯俞也武謚也孔安國曰佯愚似實故曰不可及也太宰純曰武子仕衛當成公之時邦有道謂國家無事也知者言其知可見也邦無道謂國家多難也愚者周旋如愚也其知可及者處順易也其愚不可及者處逆難也詩云既明

且哲以保其身甯子有焉

子在陳曰歸與歸與吾黨之小子狂簡斐然成章不知所以裁之也與音餘皇本章末有也字從之

孔安國曰簡大也孔子在陳思歸欲去曰吾黨之小子狂者進取於大道妄穿鑿以成文章不知所以裁制我當歸以裁制之耳遂歸邢昺曰與語辭斐然文章貌朱熹曰吾黨小子指門人之在魯者成章言其文理成就有可觀者裁割正也夫子初心欲行其道於天下至是而知其終不用也於是

始欲成就後學以傳道於來世也大宰純曰斐然成章者禮樂之習文采有餘也所少其人不知所以裁之故夫子欲歸裁之夫子之所以裁之者何曰義也義也者非他也先王之道也

子曰伯夷叔齊不念舊惡怨是用希

孔安國曰伯夷叔齊孤竹君之二子也孤竹國名也萩生茂卿曰念不忘也怨者夷齊之怨也爲曰夷齊之介不能容人之惡而棄國隱首陽遂至餓死從世人見其跡則所怨者多矣然其所以惡人

之惡亦其心欲求仁得仁耳故所遇而惡之不挾私意於其際以念人之舊惡於後日是以自然少矣

子曰孰謂微生高直或人乞醯焉乞諸其鄰而與之戰國策漢書皆微生作尾生皇本或下有人字從之

孔安國曰微生姓也名高魯人也乞之四鄰以應求者用意委曲非爲直人也邢昺曰孰誰也醯醋也諸之也欒肇曰微生之爲人也蓋非有道之直者悻悻自好行小直之人世或稱其直故孔子舉乞

醯之事以明小事亦不直

子曰巧言令色足恭左丘明恥之丘亦恥之匿怨而友其人左丘明恥之丘亦恥之足如字

孔安國曰足恭便辟之貌也左丘明魯大史也匿怨而友其人心內相怨而外詐親也荻生茂卿曰孔安國云足恭便辟貌其人去孔子時不甚遠必有所受足讀如字而不必深求其義可也此章意左丘明質直好義孔子美之其曰丘亦恥之者亦吾與女不如顏爲之辭意聖人好賢之誠也

顏淵季路侍子曰盍各言爾志子路曰願車馬衣輕
裘與朋友共敝之而無憾顏淵曰願無伐善無施
勞子路曰願聞子之志子曰老者安之朋友信之
少者懷之字衣知
皇侃曰季路即子路也次第是季邢昺曰弟在
尊旁曰侍盍何不也爾女也誇功曰伐古者稱師曰
子孔安國曰憾恨也無伐善無施勞不自稱己之
善不以勞事置施於人朱熹曰敝壞也老者養之
以安朋友與之以信少者懷之以恩萩生茂卿曰

衣如字太宰純曰輕裘凡裘以輕爲貴

子曰已矣乎吾未見能見其過而内自訟者也

包咸曰訟猶責也言人有過莫能自責者也邢昺曰已終也言將終不復見故云已矣乎朱熹曰内自訟者口不言而心自咎也

子曰十室之邑必有忠信如丘者焉不如丘之好學也皇本學下有者字也下有已字

朱熹曰十室小邑也荻生茂卿曰必懸斷詞䜌焉曰忠信者性行之善而德之本也然學則能成其

德不學則不免爲鄉人而已世人多不好學故孔子勸人學曰雖小邑必有忠信如丘者焉雖然無如丘之好學者也此孔子生知而以好學自處又以勉人之辭也

雍也第六

子曰雍也可使南面仲弓問子桑伯子子曰可也簡仲弓曰居敬而行簡以臨其民不亦可乎居簡而行簡無乃大簡乎子曰雍之言然大音泰

朱熹曰南面者人君聽治之位子桑伯子魯人胡

寅以爲疑莊周所稱子桑户者是也簡者不煩之謂鄭玄曰子桑伯子秦大夫孔安國曰子可也簡以其能簡故曰可也居敬而行簡以臨其民不亦可乎居身敬肅臨下寬略則可荻生茂卿曰可也一句簡一句可即可使南面之可簡因言其所以可太宰純曰居敬而行簡與周語居儉動敬句法同行下孟反居敬而行簡以臨其民即書所謂臨下以簡也君人如是可以南面故曰不亦可乎若居簡而行亦簡是過於簡故曰無乃大簡

乎大謂過甚也大簡則不可也此段仲弓因夫子
之言陳己所見而求正於夫子也然者是之辭也
鷥曰仲弓有人君之度今不能詳之若子桑
伯子之簡書曰臨下以簡簡即人君臨下之度也
孔子許南面於二子者蓋取其所長有近似者
以假品目之耳 非謂二子實有人君之德也聖
人不没人善不求備於一人可以見已
哀公問曰弟子孰爲好學孔子對曰有顏回者
好學不遷怒不貳過不幸短命死矣今也則

亡未聞好學者也皇本聞下有曰字從之好呼報反下同

何晏曰遷者移也朱熹曰怒於甲者不移於乙荻生茂卿曰貳如貳膳之貳重也過而不改又從之是謂重過太宰純曰顏子之好學猶劉伶之嗜酒也天下之嗜酒者衆矣千古獨稱劉伶何也以其但樂此不知他也顏子之於學亦然如所謂簞食瓢飲在陋巷而不改其樂非以所好在茲乎彼其樂道天下凡事之可樂者無易之故能然也夫子所謂顏回好學者意實在此不遷怒不貳過二

者顏淵操行之善雖是好學之效然非必此二者而後謂之好學夫子所以答哀公有顏回者好學一句足矣不遷怒不貳過二句夫子因稱顏子好學遂言其平日操行之善如此亡者不在也
子華使於齊冉子爲其母請粟子曰與之釜請益曰與之庾冉子與之粟五秉子曰赤之適齊也乘肥馬衣輕裘吾聞之也君子周急不繼富使所吏反衣於既反
朱熹曰使爲孔子使也乘肥馬衣輕裘言其富也急窮迫也周者補不足繼者續有餘馬融曰六斗

四升曰釜十六斛曰秉五秉合爲八十斛包咸曰十六斗曰庾鄭玄曰君子周急不繼富者非冉有與之太多也金履祥曰請粟與秉皆出冉子則是其時爲夫子宰掌財者冉子也荻生茂卿曰釜當日本今五升七合四勺八抄有奇庾當一斗四升三合七勺一抄有奇秉當一石四斗三升七合一勺八抄有奇

原思爲之宰與之粟九百辭子曰毋以與爾鄰里鄉黨乎

太宰純曰此自一章以與上章相類故記者載之於此也古注本爲別章是也七十二弟子解曰原憲宋人字子思包咸曰孔子爲魯司寇以原憲爲家邑宰也孔安國曰九百九百斗也辭辭讓不受也子曰毋者禄法所當受無以讓也袁黄曰辭非不受禄也辭其多也邢昺曰毋禁辭也鄭玄曰五家爲鄰五鄰爲里萬二千五百家爲鄉五百家爲黨朱熹曰言常禄不當辭有餘自可推之以周貧乏蓋鄰里鄉黨有相周之義

子謂仲弓曰犂牛之子騂且角雖欲勿用山川其舍諸

何晏曰犂雜文也騂赤色角者角周正中犧牲也雖欲以所其生犂而不用山川肯舍之乎言父雖不善不害於其子之美也朱熹曰周人尚赤牲用騂用用以祭也山川山川之神也此論仲弓云爾非與仲弓言也小爾雅曰諸之乎也

子曰回也其心三月不違仁其餘則日月至焉而已矣

荻生茂卿曰回也猶言參乎呼其名而告之也不違仁卽依於仁也日月至焉猶言日就月將也至如知至仁至之至顏曰三月者僅終一時假設而言不甚久也其餘者三月之餘謂三月之後也此章言仁人終三月之間其心苟能依先王之仁道以學之至其餘日則日至月至仁道自然來集成仁德而已矣按仁統名也總衆德先王之道卽仁道也學以得於我卽仁德也孔子所以誨人者仁而已矣仁不遠始於孝弟故孔子曰爲仁由已而

由人乎哉又曰有能一日用其力於仁矣乎我未見力不足者又曰能近取譬可謂仁之方也已又曰我欲仁斯仁至矣有子曰孝弟也者其爲仁之本與皆所以明仁之易爲學而易得也雖然徒從學於外而其心不依仁則終身不能得之故語顔子以此亦所以論學仁道者其心依仁而後易成仁德也

季康子問仲由可使從政也與子曰由也果於從政乎何有曰賜也可使從政也與曰賜也達於從政乎

何有曰求也可使從政也與曰求也藝於從政乎何有與音餘下同皇本曰賜也達曰求也藝上皆有子字

包咸曰果謂果敢決斷也孔安國曰達謂通於物理也藝謂多才能也邢昺曰何有不難也萩生茂卿曰從政者士之事

季氏使閔子騫爲費宰閔子騫曰善爲我辭焉如有復我者則吾必在汶上矣一本無吾字鄭本無則吾二字

七十二弟子解曰閔損魯人字子騫孔安國曰費季氏邑也季氏不臣而其邑宰數畔聞閔子騫

賢故欲用之不欲爲季氏宰語使者曰善爲我作辭說令不復召我也復我者重來召我也去之汶水上欲北如齊也邢昺曰復重也朱熹曰汶水名在齊南魯北境上

伯牛有疾子問之自牖執其手曰亡之命矣夫斯人也而有斯疾也斯人而有斯疾也

七十二弟子解曰冉耕魯人字伯牛孔安國曰亡喪也包咸曰牛有惡疾斯人也而有斯疾也再言之者痛惜之甚也朱熹曰命謂天命言此

人不應有此疾而乃有之是乃天之所命也太宰純曰伯牛以惡疾廢雖不死猶死孔子惜之故曰亡之也斯人也者謂伯牛有德行也斯疾謂惡疾也言有德行者不宜有惡疾而有之是乃天命也已鸞曰惡疾不淨故不敢延孔子於同坐隔牖見之孔子親之不憚穢以執其手

子曰賢哉回也一簞食一瓢飲在陋巷人不堪其憂回也不改其樂賢哉回也（食音嗣 樂音洛）

孔安國曰簞笥也瓢瓠也顏淵樂道雖簞食在

陋巷不改其所樂也邪。昺曰簞笥竹器食飯也鸞曰人不堪其憂者他人居顏淵之貧則不堪憂其患也

冉求曰非不說子之道力不足也子曰力不足者中道而廢今女畫說音悅女音汝

孔安國曰畫止也力不足者當中道而廢今女自止耳荻生茂卿曰中道道中也朱熹曰畫者如畫地以自限也太宰純曰戰國策云兔極於前大廢於後即此廢字中道而廢者斃而後已也

子謂子夏曰女爲君子儒無爲小人儒女音汝皇本無作毋

朱熹曰儒學者之稱太宰純曰鈞是學者也其所志所行有大小之殊焉是以其歸有君子小人之分也

子游爲武城宰子曰女得人焉耳乎哉曰有澹臺滅明者行不由徑非公事未嘗至於偃之室也（女音汝朱）

（本耳作爾今從皇本及石經皇本乎下有哉字從之皇本澹作澹）

包咸曰武城魯下邑也行不由徑非公事未嘗至於偃之室也言公且方也孔安國曰焉耳乎哉皆辭也七十二弟子解曰澹臺滅明武城人字子

羽朱熹曰徑路之小而捷者

子曰孟之反不伐奔而殿將入門策其馬曰非敢後也馬不進也殿都練反

孔安國曰魯大夫孟之側也與齊戰軍大敗不伐者不自伐其功也馬融曰殿在後者也前曰啓後曰殿孟子反賢而有勇軍大奔獨在後爲殿人迎功之不欲獨有其名故曰我非敢在後拒敵也馬不能前進耳邢昺曰策檛也朱熹曰奔敗走也事在哀公十一年

子曰不有祝鮀之佞而有宋朝之美難乎免於今之世矣

孔安國曰祝鮀衛大夫子魚也佞口才也宋朝宋國之美人也杜預曰朝宋公子朱熹曰祝宋廟之官鸞曰言在今之世兼口才美色者可以免也不有祝鮀之佞而唯有宋朝之美者難免也此孔子所以歎世之衰也免者謂免於刑戮也

子曰誰能出不由户者何莫由斯道也皇本户下有者字從之

孔安國曰言人之立身成功當由道譬猶人出入

要當從戶朱熹曰言人不能出不由戶何故乃不由此道耶怪而歎之之辭

子曰質勝文則野文勝質則史文質彬彬然後君子

包咸曰野如野人言鄙畧也史者文多而質少彬彬文質相半之貌也荻生茂卿曰史掌文書故朝廷制度朝會聘問儀節莫不通曉而德行不必皆有也

子曰人之生也直罔之生也幸而免人之皇本無之字

韓愈曰直當作德字之誤也言人生稟天地大德罔無也若無其德免於咎者尠矣荻生茂卿曰免免於刑戮也太宰純曰幸而免言固當不免而免者幸也鶚曰古書德作悳故誤之

子曰知之者不如好之者好之者不如樂之者（好呼報反 樂音洛）

尹焞曰知之者知有此道也好之者好而未得也樂之者有所得而樂之也張栻曰譬之五穀知者知其可食者也好者食而嗜之者也樂者嗜之而飽者也

子曰中人以上可以語上也中人以下不可以語上也

王肅曰上謂上知之所知也兩舉中人以其可上可下朱熹曰語告也言教人者當隨其高下而告語之則其言易入而無躐等之弊也

樊遲問知子曰務民之義敬鬼神而遠之可謂知矣問仁曰仁者先難而後獲可謂仁矣知音智遠于萬反皇本曰仁者上有子字

太宰純曰民之義先王之制民之所當行也民猶

人也包咸曰敬鬼神而不黷也孔安國曰先勞
若乃後得功此所以爲仁也
子曰知者樂水仁者樂山知者動仁者静知者
樂仁者壽知音智樂三字皆音洛
邢昺曰初明知仁之性次明知仁之用三明知仁
之功鸞曰樂三字皆音洛此章形容知仁之
德云爾非知者必樂水仁者必樂山也
子曰齊一變至於魯魯一變至於道
包咸曰言齊魯有太公周公之餘化太公大賢

周公聖人今其政教雖衰若有明君興之齊可使如魯魯可使如大道行之時鸞曰孔子惜無興國君

子曰觚不觚觚哉觚哉

說文曰觚鄉飲酒之爵也馬融曰禮器也王肅曰當時沈湎于酒故曰觚不觚言不知禮也何晏曰觚哉觚哉言非觚也太宰純曰此章夫子譏時人徒用禮器而不知其禮言用觚飲酒而無獻酬之禮惡在其爲觚也

宰我問曰仁者雖告之曰井有仁焉其從之也子曰何爲其然也君子可逝也不可陷也可欺也不可罔也皇本有仁下有者字從之也作從之與

荻生茂卿曰井有仁焉者假設以言艱險之中有可爲仁之事也邢昺曰然如是也包咸曰逝往也朱熹曰陷謂陷之於井欺謂誑之以理之所有罔謂暗之以理之所無鸞曰從之者謂自投下於井也可逝者謂使之往井也此宰我慮仁者之急於爲仁或陷于憂患故問之

子曰君子博學於文約之以禮亦可以弗畔矣夫

鄭玄曰弗畔不違道也荻生茂卿曰文者詩書禮樂也禮卽詩書禮樂之禮也太宰純曰學文欲博所以廣知識宏規模也約之以禮者禮爲範圍言約身實于禮法之内

子見南子子路不說夫子矢之曰予所否者天厭之天厭之〔說音悅皇本厭作壓〕

孔叢子曰古者大饗夫人與焉於時禮儀雖廢猶有行之者意衛君夫人饗夫子則夫子亦弗獲已矣孔安國曰南子衛靈公夫人也矢誓也繆播曰

否不也邪晏曰厭棄也再言之者重其誓欲使信之也朱熹曰所誓辭也如云所不與崔慶者之類鸞曰孔子進以禮退以禮其見南子必有可見之禮子路不知之故不說也孔子何不告子路以其實而以誓豈有不可告之事乎將慮其不信以誓之乎必有故千載之下不可以臆斷之

子曰中庸之爲德也其至矣乎民鮮久矣鮮仙善反

何晏曰庸常也中和可常行之德世亂先王之道廢民鮮能行此道久矣非適今荻生茂卿曰周禮

春官大司樂以樂德教國子中和祇庸孝友然則中庸者樂德也周衰禮樂之教廢故孔子歎之

子貢曰如有博施於民而能濟衆者何如可謂仁乎子曰何事於仁必也聖乎堯舜其猶病諸夫仁者己欲立而立人己欲達而達人能近取譬可謂仁之方也已皇本有作能衆下有者字從之

孔安國曰若能廣施恩惠濟民於患難堯舜至聖猶病其難也夫仁者己欲立而立人更爲

子貢說仁者之行也方道也但能近取譬於

己皆恕己所欲而施之於人也朱熹曰何事於
仁言此何止於仁方術也小爾雅曰諸之乎也
太宰純曰仁以德言聖則兼位也病猶憂也
立謂立于世也達窮達之達也譬比方也鸞
曰博施於民而能濟衆者安民之仁而仁之極
功也非聖德在位者則不能與於此非子貢
所及也故下說爲仁之術以子貢所及者告
之

論語私考卷第三終

論語私考卷第四

土佐　山本驁　撰

述而第七

子曰述而不作信而好古竊比於我老彭（好呼報反）樂記曰作者謂之聖述者謂之明包咸曰老彭殷賢大夫也朱熹曰述傳舊而已作則創始也故作非聖人不能而述則賢者可及竊比尊之之辭我生茂卿曰老彭者老而有德行故以老見稱于時猶稱老聃老萊子也述而不作信而好古者此乃

老彭之行而當時之人稱之云爾鸞曰恐老彭歟時之魯人不然則封魯之境內故孔子我之

子曰默而識之學而不厭誨人不倦何有於我哉

太宰純曰默不言也識知也此章孔子責門弟子之善也言如能默而識之學而不厭誨人不倦則何有於夫子也鸞曰孔子言學者當若此非我所與知在自勉之耳

子曰德之不脩學之不講聞義不能徙不善不能改是吾憂也皇本脩講徙改下皆有也字

萩生茂卿曰此孔子憂門弟子之或如是也

子之燕居申々如也夭々如也鄭本燕作宴鄭玄曰退朝而處曰燕居馬融曰申申夭夭和舒之貌也邢昺曰如者如此義也萩生茂卿曰申申夭夭居不容也

子曰甚矣吾衰也久矣吾不復夢見周公也復扶又反皇本章末有也字從之孔安國曰孔子衰老不復夢見周公也明盛之時夢見周公欲行其道也

子曰志於道據於德依於仁游於藝皇本游作遊石經同

荻生茂卿曰道者先王之道也據如據地而作據城而戰之據朱熹曰依者不違之謂何晏曰藝六藝也太宰純曰游與遊通優游也即學記遊焉之遊鸞曰志於道者志於先王之道而無他心也據德者據於先王之德而行非先王之德行不敢行也依於仁者依於先王之仁而不違離也游於藝者遊息於六藝也按先王之道即仁也學以有得於身曰之德德亦仁也但德有大德有小德萬品

而不同仁則德衆善道德大成之稱也

子曰自行束脩以上吾未嘗無誨焉魯論誨作悔

孔安國曰言人能奉禮自行束脩以上則皆教誨之也邢昺曰案書傳言束脩者多矣皆謂十脡脯也荻生茂卿曰束脩者始見之贄也奉禮以見從此以往未嘗無誨也鸞曰曲禮聞來學不聞往教且不自志學者雖聖人不能誨之蓋孔子以誨人爲己任故苟以禮來見之後無不誨之者也以上猶言以往也

子曰不憤不啟不悱不發舉一隅而示之不以三隅反則吾不復也皇本有而示之三字石經同皇本則下有者字皆從之皇本無也字

鄭玄曰孔子與人言必待其人心憤憤口悱悱乃後啓發爲之說也如此則識思之深也說則舉一隅以語之其人不思其類則不復重教之也朱熹曰憤者心求通而未得之意悱者口欲言而未能之貌啓謂開其意發謂達其辭物之有四隅者舉一可知其三反者還以相證之義復再告也

荻生茂卿曰學問之道欲其自喻故孔門之教爲爾

子食於有喪者之側未嘗飽也子於是日哭則不歌（皇本日下有也字）

朱熹曰臨喪哀不能甘也哭謂弔哭一日之內餘哀未忘自不能歌也

子謂顏淵曰用之則行舍之則藏惟我與爾有是夫子路曰子行三軍則誰與子曰暴虎馮河死而無悔者吾不與也必也臨事懼好謀而成者也（舍音捨夫音符與如字馮皮冰反字亦作憑好呼報反）

孔安國曰言可行則行可止則止唯我與顏淵同

耳大國三軍子路見孔子獨美顏淵以爲己有勇至於夫子爲三軍將亦當唯與己俱故發此問也暴虎徒搏也馮河徒涉也荻生茂卿曰行者行道於天下也藏者卷而懷之也謂知命也顏子知道之全故云爾朱熹曰懼謂敬其事成謂成其謀舍此皆以抑其勇而教之然行師之要實不外此爲曰用之者謂君用我也舍之者君不用我也

子曰富而可求也雖執鞭之士吾亦爲之如不可求從吾所好鹽鐵論士作事陸德明云吾亦爲之一本作吾爲之矣

孔安國曰所好者古人之道也邢昺曰案周禮秋官條狼氏掌執鞭以趨辟三出入則八人夾道公則六人侯伯則四人子男則二人序官云條狼氏下士故云執鞭賤職也鶱曰富若可求則雖賤役吾亦爲之以求之若不可求則從吾所好之先王之道而已言富貴在天有命非可求而得之者也

子之所慎齊戰疾齊側皆反

朱熹曰齊之爲齊也將祭而齊其思慮之不齊者以交於神明也誠之至與不至神之饗與

不饗皆決於此戰則衆之死生國之存亡繫焉疾又吾身之所以死生存亡者皆不可以不謹也大宰純曰慎者重之不敢輕忽也

子在齊聞韶三月不知肉味曰不圖爲樂之至於斯也皇本韶下有樂字

周生烈曰孔子在齊聞習韶樂之盛美故忽忘於肉味也朱熹曰史記三月上有學之二字荻生茂卿曰三月屬上句王肅曰爲作也楊慎曰不意齊之爲樂至此耳

冉有曰夫子爲衛君乎子貢曰諾吾將問之入曰伯夷叔齊何人也子曰古人之賢人也曰怨乎曰求仁而得仁又何怨乎出曰夫子不爲陸德明云一本無將字皇本曰古上有子字何怨下有乎字從之

孔安國曰爲猶助也朱熹曰衛君出公輒也靈公逐其世子蒯聵公薨而國人立蒯聵之子輒於是晉納蒯聵而輒拒之時孔子居衛衛人以蒯聵得罪於父而輒嫡孫當立故冉有疑而問之諾應辭也君子居是邦不非其大夫況其君乎故子貢

不斥衛君而以夷齊爲問史記曰伯夷叔齊孤竹君之二子也父欲立叔齊及父卒叔齊讓伯夷伯夷曰父命也遂逃去叔齊亦不肯立而逃之國人立其中子鄭玄曰父子爭國惡行也孔子以伯夷叔齊爲賢且仁故知不助衛君明矣鸞曰求仁而得仁謂得仁德也

子曰飯疏食飲水曲肱而枕之樂亦在其中矣不義而富且貴於我如浮雲飯符晚反皇本疏作蔬食如字一音嗣樂音洛

孔安國曰疏食菜食也肱臂也朱熹曰飯食之也

䟽食麤飯也鄭玄曰富貴而不以義者於我如浮雲非己之有也鸞曰樂者樂先王之道也於我如浮雲者於我見不義而富貴者如浮雲也言彼雖偶得之如浮雲之無根忽失之

子曰加我數年五十以學易可以無大過矣魯論易作亦

朱熹曰劉聘君見元城劉忠定公自言嘗讀他論加作假五十作卒蓋加假聲相近而誤讀卒與五十字相似而誤分也愚按此章之言史記作假我數年若是我於易則彬彬矣加正作假而無五十

字學易則明乎吉凶消長之理進退存亡之道故可以無大過鶖曰疑此時孔子年四十餘未至五十故曰天若假我數年從今而至五十以學易可無大過矣

子所雅言詩書執禮皆雅言也

孔安國曰雅言正言也鶖曰子所雅言詩書一句執禮皆雅言也一句雅者與俗對謂不用土音也執禮者執行禮也言說詩書之時不以土音行禮之際亦然也

葉公問孔子於子路子路不對子曰女奚不曰其爲人也發憤忘食樂以樂以忘憂不知老之將至云爾葉舒涉反女音汝樂音洛皇本至下有也字

孔安國曰葉公名諸梁楚大夫食菜於葉僭稱公邢昺曰楚子僭王故縣尹皆僭稱公朱熹曰未得則發憤而忘食已得則樂之而忘憂以是二者俛焉日有孳孳而不知年數之不足但自言其好學之篤耳鸞曰子路不對者聞孔子之爲人故謙不敢對也

子曰我非生而知之者好古敏以求之者也（好呼報反）

（皇本以作而）

朱熹曰敏速也謂汲汲也鄭玄曰言此者勉人學

太宰純曰知之者知先王之道也我於先王之道非生而知之乃好古敏以求之而已孔子平日言好學言好古皆夫子自信自許之言非謙辭也

子不語怪力亂神

李充曰力不由理斯怪力也神不由正斯亂神也

怪力亂神有與於邪而無益於教故不言也荻生茂卿曰語誨言也蓋謂召南子語之使其奉以行諸己者也周禮有樂語戴記有合語是也

子曰三人行必有我師焉擇其善者而從之其不善者而改之皇本陸本蜀石經皆三人上有我字有作得石經擇上有我字潜夫論下而字作我則二字

太宰純曰國語云人三爲衆此三人亦大槩說不必言與我三人蓋國事者三人以上則其中心有善有不善也

子曰天生德於予桓魋其如予何

朱熹曰桓魋宋司馬向魋也出於桓公故又稱桓氏魋欲害孔子孔子言夫旣賦我以如是之德則桓魋其柰我何言必不能違天害也

子曰二三子以我爲隱乎吾無隱乎爾吾無行而不與二三子者是丘也

包咸曰二三子謂諸弟子也吾無行而不與二三子者是丘也我所爲無不與爾共之者是丘之心荻生茂卿曰不憤不啓不悱不發舉一隅不以三隅反則不復也故二三子以孔子爲隱也先王之

教禮樂不言舉行與事而示之天何言哉四時行焉百物生焉皆在默而識之乎爾語助辭

子以四教文行忠信

程頤曰教人以學文脩行而存忠信也大宰純曰文謂博學於文也行謂約之以禮也忠信固其本也然忠信者十室之邑必有如丘忠信而無文行則不免爲鄉人故孔子之教文最爲先而行次之所以爲君子也

子曰聖人吾不得而見之矣得見君子者斯可矣

子曰善人吾不得而見之矣得見有恒者斯可矣

亡而爲有虚而爲泰難乎有恒矣亡音無

何晏曰疾世無明君荻生茂卿曰聖人本開國先王之稱善人亦齊桓秦穆之倫故曰不踐迹謂不拘先王之舊也是有大作用者亦世不恒有故曰不得而見之矣善人以下異日之言以其相類故同居一章子曰何必衍也朱熹曰恒常久之意邢昺曰亡無也太宰純曰作者謂之聖謂能作禮樂者也述者謂之明述者君子之事也虚不足也

盈有餘也約窮約也泰侈也有無盈虛以智慮才
能技術之屬言之約泰以家道言之三爲字僞爲
之爲也言粧飾作其狀也凡內乘其實而僞爲
之者必不耐久故曰難乎有恒矣乎語辭難
者其人之難也

子釣而不綱弋不射宿

孔安國曰釣者一竿釣也以繳繫釣綱者爲大
綱以橫絶流羅屬著綱也弋繳射也宿宿鳥也萩
生茂卿曰古者在禮士得弋釣至於綱宿則民之所

爲也君子不爲矣

子曰蓋有不知而作之者我無是也多聞擇其善者而從之多見而識之知之次也識音志

太宰純曰不知者不知義也作〻事也事必有義知其義而後其事可作書云以義制事朱熹曰識記也所從不可不擇記則善惡皆當存以備參考荻生茂卿曰孔子自謂知之次也

互鄉難與言童子見門人惑子曰與其進也不與其退也唯何甚人潔已以進與其潔也不保其往

也見賢遍反

鄭玄曰互鄉鄉名也有童子來見孔子門人恠孔子見之徃猶去也人虚己自潔而來當與其進亦何能保其去後之行也太宰純曰邢疏引琳公此互鄉難與言童子見八字爲一句言此鄉有一童子難與言非是一鄉皆難與言也按凡言保者皆謂保後日之無變荻生茂卿曰難與言者難與言道也孔安國曰教誨之道與其進不與其退恠我見此童子惡惡一何甚也朱熹曰與許也

子曰仁遠乎哉我欲仁斯仁至矣

萩生茂卿曰仁遠乎哉言仁至遠也齋曰仁之至則聖人而後可得而體之故曰遠雖然仁道近在孝弟忠恕行己之際行之即是也唯病人不爲之耳

陳司敗問昭公知禮乎孔子對曰知禮孔子退揖巫馬期而進之曰吾聞君子不黨君子亦黨乎君取於呉爲同姓謂之呉孟子君而知禮孰不知禮巫馬期以告子曰丘也幸苟有過人必知之

皇本曰知禮上有對字從之陸本取作娶爲于僞反

孔安國曰司敗官名陳大夫也昭公魯昭公也相助匿非曰黨魯吳俱姬姓也禮同姓不昏而君取之當稱吳姬諱曰孟子也巫馬期以告者以司敗之言告也諱國惡禮也聖人道弘故受以爲過朱熹曰司敗卽司寇也昭公名裯習於威儀之節當時以爲知禮故司敗以爲問而孔子答之如此孔子不可自謂諱君之惡又不可以娶同姓爲知禮故受以爲過而不辭七十二弟解曰巫

馬施陳人字子期太宰純曰按古者女子以字配姓此當稱孟姬不當稱其國孔注誤

子與人歌而善必使反之而後和之

何晏曰樂其善故使重歌而自和之也朱熹曰反復也太宰純曰與人歌者與人共歌也善者其人歌之善也和者和其聲也此蓋古者聽歌學歌之禮也

子曰文莫吾猶人也躬行君子則吾未之有得也

皇本章末有也字從之

太宰純曰方以智通雅曰閔勉閔免僶勉一也轉爲密勿蠠沒又轉爲侔莫文莫晉書欒肇論語駁曰燕齊謂勉強爲文莫君子之所以成德非勉強不可故曰文莫吾猶人也言與人同君子行皆有其道必躬行之豈易得乎故曰君子吾未之有得也非特自謙以勉人蓋其心實未嘗謂得之

子曰若聖與仁則吾豈敢抑爲之不厭誨人不倦則可謂云爾已矣公西華曰正唯弟子不能學也魯論正作

誠

孔安國曰吾豈敢者孔子謙不敢自名仁聖邢昺

曰抑語辭爲猶學也荻生茂卿曰正唯絕句猶

俗書正是也太宰純曰子華所云正唯信孔子自言

不厭不倦也故其下遂言曰弟子不能學也言門

人不能如夫子之不厭不倦也竊爲曰聖人即仁人

也分言之作者謂之聖仁者有德之稱也爲之者

學仁聖也即謂學先王之道也孔子以勸學

誨人自許故曰爲之不厭誨人不倦也云爾云云

也謂爲之不厭誨人不倦

子疾病子路請禱子曰有諸子路對曰有之誄曰禱爾于上下神祇子曰丘之禱久矣鄭本何本陸不皆無病字孔安國曰子路失指也誄禱篇名也說文曰讄禱也讄讄誄同音荻生茂卿曰爾諸辭如假爾泰筮有常之爾朱熹曰上下謂天地天曰神地曰祇禱曰疾甚曰病子曰有諸問有此禮否也士喪禮曰疾病行禱五祀蓋禱祠祭祀者君子所以敬鬼神也孔子豈不知之乎孔子所以問

之者自知其疾之愈而不欲苟禱故反問以觀其意子路失孔子之指引誄以答孔子不欲破子路之意故曰丘之禱久矣此孔子自言其實以告之也祭禱者古禮之所有故孔子亦嘗不禱也

子曰奢則不孫儉則固與其不孫也寧固（孫音遜）

孔安國曰俱失之也奢不如儉奢則僭上儉則不及禮耳固陋也邢昺曰孫順

子曰君子坦蕩蕩小人長戚戚（魯論蕩作湯）

鄭玄曰坦蕩蕩寬廣貌也長戚戚多憂懼貌

也朱熹曰坦平也蕩蕩曰君子安義故坦蕩蕩小人志利故長戚戚

子溫而厲威而不猛恭而安（皇本子上有君字陸德明云一本厲作例）

陸德明曰此章說孔子德行也太宰純曰溫言其色也厲言其聲也下二句皆言容貌

泰伯第八

子曰泰伯其可謂至德也已矣三以天下讓民無得而稱焉（三如字得一作德）

鄭玄曰泰伯周大王之長子次中雍次季歷大

王見季歷賢又生文王有聖人表故欲立之而未有命大王疾大伯因適呉越採藥大王歿而不反齋曰泰伯之行古書殘缺不能得而詳焉姑攄鄭玄之說以考之三以天下讓者三以國讓也三者其實數有之而今不可考范甯輩舉其數目亦難適從焉天下者謂國也武王追大王王季泰伯若嗣立必當追王焉然則身雖不爲天子猶有天下也在孔子之時言之天下則周之天下泰伯之讓國卽讓此天下也論天子

之先君以國爲天下辭之宜也至德卽仁人也大王亂兄弟之倫而泰伯不欲違大王之意讓隱其跡泯然不使民知所以爲仁也

子曰恭而無禮則勞慎而無禮則葸勇而無禮則亂直而無禮則絞君子篤於親則民興於仁故舊不遺則民不偷

王肅曰葸畏畏懼之貌也言慎而不以禮節之則常畏懼也邢昺曰勞謂困苦亂謂逆惡絞切也鄭玄曰絞急也蔡清曰勞所謂病于夏

畦也葸所謂畏首畏尾也亂所謂犯上作亂也絞如證父攘羊是也包咸曰興起也君能厚於親屬不遺其故舊行之美者也則民皆化之起爲仁厚之行不偷薄也吳棫曰君子以下當自爲一章

曾子有疾召門弟子曰啓予啓予手詩云戰戰兢兢如臨深淵如履薄冰而今而後吾知免夫小子夫音符

鄭玄曰啓開也曾子以爲受身體於父母不敢毀傷故使弟子開衾而視之也詩小雅小旻篇毛萇

曰戰戰恐也兢兢戒也如臨深淵恐墜也如履薄冰恐陷也孔安國曰言此詩者喻己常戒慎恐有所毀傷也周生烈曰乃今日而後我自知免於患難矣小子弟子也呼之者欲使聽識其言也荻生茂卿曰免謂免於刑戮也所謂保首領以沒於地者君子之願也

曾子有疾孟敬子問之曾子言曰鳥之將死其鳴也哀人之將死其言也善君子所貴乎道者三動容貌斯遠暴慢矣正顏色斯近信矣出辭氣斯

遠鄙倍矣籩豆之事則有司存
馬融曰孟敬子魯大夫仲孫捷也鄭玄曰敬子武伯之子太宰純曰曾子言者故爲敬子言非答其問也包咸曰欲戒敬子言我將死言善可用也籩豆禮器也李充曰人之所以異於禽獸者以愼其終始在困不撓也禽獸之將死不遑擇音唯吐窘急之聲也人若將死而不思令終之言唯哀懼而已者何以别於禽獸乎朱熹曰問之者問其疾也容貌舉一身而言暴粗厲也慢

放肆也信實也正顏色而近信則非色莊也辭言語氣聲氣也鄙凢陋也倍與背同遠近並去聲邢昺曰釋器云木豆謂之豆竹豆謂之籩豆盛葅醢籩盛棗栗

曾子曰以能問於不能以多問於寡有若無實若虛犯而不校昔者吾友嘗從事於斯矣

朱熹曰校計校也馬融曰友謂顏淵也太宰純曰已能之而問於不能者此以藝事言多寡以聞識言有若無言在己無所挾實若虛言與

人無所拒鸞曰吾友者不知果其果其顏淵乎否攄馬融之說則顏淵沒後曾子稱之也

曾子曰可以託六尺之孤可以寄百里之命臨大節而不可奪也君子人與君子人也與音餘陸本無下人字

孔安國曰六尺之孤謂幼少之君也寄百里之命者攝君之政令也鄭玄曰六尺年十五已下何晏曰大節安國家定社稷不可奪者不可傾奪也皇侃曰再言君子美之深也荻生茂卿曰周一尺當今曲尺七寸二分則六尺當四尺三寸二分也 君子人

與君子人也又復言之所贊之仲尼燕居曰古之人與古之人也即此同法與如歸與之與難辭也

曾子曰士不可以不弘毅任重而道遠仁以爲己任不亦重死而後已不亦遠乎

包咸曰弘大也毅强而能決斷也士弘毅然後能負重任致遠路也孔安國曰以仁爲己任重莫重焉死而後已遠莫遠焉萩生茂卿曰古者學而爲士故凡言士者論學者之言也非謂士當爾而大夫否也

子曰興於詩立於禮成於樂
包咸曰興起也鸞曰詩者言人情世態諷詠以導之故興起於道也禮者先王制人之則故能立其身立者中禮而立不動移也樂者和樂油然以養德性故能成其德也

子曰民可使由之不可使知之
荻生茂卿曰人之知有至焉有不至焉雖聖人不能強之故能使民由其敎而不能使民知其所以敎也

子曰好勇疾貧亂也人而不仁疾之已甚亂也好呼報反包咸曰好勇之人而患疾己貧賤者必將爲亂也孔安國曰疾惡大甚亦使其爲亂也

子曰如有周公之才之美使驕且吝其餘不足觀也皇本使上有設字已下有矣字孔安國曰周公者周公旦也朱熹曰才美謂智能技藝之美太宰純曰驕驕亢也以位自高也吝吝嗇也吝於施與也言人若有才之美如周公而其或驕亢或吝嗇則其餘行事皆不足觀也已矣

子曰三年學不至於穀不易得也易以豉反皇本也下有己字

鄭玄曰穀祿也太宰純曰若能三年之內所學不及穀祿者善士也不可多得也夫祿者仁者之俸也學而不仕則無以行其道特學未優而仕爲不可耳至猶及也

子曰篤信好學守死善道危邦不入亂邦不居天下有道則見無道則隱邦有道貧且賤焉恥也邦無道富且貴焉恥也

包咸曰篤信好學守死善道言行當常然

也危邦不入謂始欲往也亂邦不居今欲去也臣弑君子弑父亂也危者將亂之兆也朱熹曰天下舉一世而言荻生茂卿曰信信道也篤信好學卽所謂信而好古也守死於善道言窮不失義也太宰純曰篤猶深也篤信者深信古道也善道謂古道也

子曰不在其位不謀其政（皇本章末有也字）

孔安國曰欲各專一於其職太宰純曰位謂朝廷之位謀謀議也又謀爲也其政者其官政事

也蓋大夫士在朝各有其位故苟謀議其政當於其位

子曰師摯之始關雎之亂洋洋乎盈耳哉

鄭玄曰師摯魯大師之名也始猶首也荻生茂卿曰亂義未詳竊謂亂樂初起也後世之樂有亂聲在樂之始衆管亂奏故謂之亂恐關雎之亂亦猶是也故曰始關雎之亂也史記云關雎之亂以爲風始亦其證也太宰純曰此夫子歎美師摯之善樂也師摯之始

關雎之亂八字一句始始之也如始條理之始

朱熹曰洋洋美盛意

子曰狂而不直侗而不愿悾悾而不信吾不知之矣

孔安國曰狂者進取宜直也侗未成器之人也宜謹愿也言皆與常度反故我不知之也朱熹曰侗無知貌包咸曰悾悾慤也宜可信也蘇軾曰天之生物氣質不齊其中材以下有此德則有是病有此病必有是德故馬之蹄齧者必

善走其不善者必馴有此病而無是德則天下之棄才也荻生茂卿曰孔子以教人自任故曰吾不知之矣者言不可教也

子曰學如不及猶恐失之

鸞曰孔子見學而如不及汲汲於學者猶恐其人失之此所以勉學也

子曰巍巍乎舜禹之有天下也而不與焉與音預

何晏曰美舜禹言已不與求天下而得之也巍巍高大之稱也鸞曰舜禹之有天下也揖

讓以得之其身不與於有天下而天下自然歸之孟子所謂天與之人與之也此所以巍巍乎也

子曰大哉堯之爲君也巍巍乎唯天爲大唯堯則之蕩蕩乎民無能名焉巍巍乎其有成功也煥乎其有文章

孔安國曰則法也美堯能法天而行化也包咸曰蕩蕩廣遠之稱言其布德廣遠民無識其名焉何晏曰巍巍乎其有成功功成化隆高大

巍巍也煥乎其有文章煥明也其立文章制又著明朱熹曰成功事業也文章禮樂法度也大宰純曰唯者無此類之辭鸞曰發首一句十字贊堯之爲君其德至大其以下言所以爲大也言堯之德法天故蕩蕩乎民無能名焉何則其成功巍巍乎其文章煥乎猶天之日月垂象萬物並行其顯然可見而化之大不可得而名焉故曰天爲大唯堯則之蕩蕩乎民無能名焉章末疑脫也字

舜有臣五人而天下治武王曰予有亂臣十人孔子曰才難不其然乎唐虞之際於斯爲盛有婦人焉九人而已（亂一本作乿或作乿古治字陸本無臣字漢書才作材乎作與）孔安國曰五人禹稷契皐陶伯益也唐者堯號也虞者舜號也際者堯舜交會之間也斯此也馬融曰亂治也治官者十人謂周公旦邵公奭大公望畢公榮公大顛閎夭散宜生南宮适其一人謂文母也劉歆曰子無臣母之義蓋邑妻也朱熹曰九人治外邑姜治内稱孔子者上

係武王君臣之際記者謹之才難蓋古語而孔子然之也鸞曰予有亂臣十人周書泰誓之辭也於斯爲盛者謂武王之時也言唐虞之際人才衆多自唐虞而後武王之時爲盛然有婦人焉九人而已

三分天下有其二以服事殷周之德其可謂至德也已矣　陸本三作參漢書注以作猶

朱熹曰或曰宜斷三分以下別以孔子曰起之而自爲一章包咸曰殷紂滛亂文王爲西伯而有聖德

天下歸周者三分有二而猶以服事殷故謂之至德范祖禹曰文王之德足以代商天與之人歸之乃不取而服事焉所以爲至德也太宰純曰韓獻子曰文王帥殷之叛國以事紂唯知時也見襄四年左傳彼但去叛國不分州地此云三分天下有其二葢大略之言耳竊曰此章孔子稱文王也至德即仁人也

子曰禹吾無間然矣菲飲食而致孝乎鬼神惡衣服而致美乎黻冕卑宮室而盡力乎溝

洫禹吾無間然矣

朱熹曰間罅隙也謂指其罅隙而非議之也溝洫曰間水道以正疆界備旱潦者也馬融曰菲薄也致孝乎鬼神祭祀豐潔也鄭玄曰黻是祭服之衣冕其冠也邢昺曰黻蔽膝也祭服謂之黻其他謂之韠俱以韋爲之制同而色異孔安國曰損其常服以盛祭服也包咸曰方里爲井井間有溝溝深四尺十里爲成成間有洫洫深八尺也

論語私考卷第四終

論語私考卷第五

土佐　山本䲨　撰

子罕第九

子罕言利。與命與仁。

包咸曰。罕者希也。荻生茂卿曰。子罕言利絕句。言孔子不妄言利。苟言及利。則或併與命。或併與仁。其單言利者幾希也。太宰純曰。利者。人情所同欲。而得之與不得。有命焉。苟知有命。則利在所不求。故夫子言利。則併與命言之。仁者己欲立而立人。己欲達而達人。立人達人。是利人也。君子若能舍己利人。則可以爲仁。是利亦有時乎爲之。故夫子言利。則併與仁言之。夫子非併與是二者。未嘗言利。

達巷黨人曰。大哉孔子。博學而無所成名。子聞之。謂門弟子曰。吾何執。執御乎。執、射乎。吾執御矣。

鄭玄曰。達巷。黨名也。五百家爲黨。此黨人。

錞

美孔子博學道藝不成一名而已。聞人美之。承以謙也。吾執御者。欲名六藝之卑也。朱熹曰。執專執也。太宰純曰。凡博學者。以博學成名。多才多藝者。以多才多藝成名。世人皆然。今孔子博學而無所成名。是德之大。外人不得以博學稱之。猶堯之蕩蕩乎。民無能名焉。大哉歎美之稱。博學而無所成名者。言所以爲大也。吾執御矣。夫子言。吾豈不欲成名哉。吾若成名乎。非射即御。蓋射御。

皆男子之事。而御之職卑。故夫子欲執卑者之事。謙而又謙也

子曰。麻冕禮也。今也純儉。吾從衆。拜下禮也。今拜乎上泰也。雖違衆吾從下。

孔安國曰。冕。緇布冠也。古者績麻三十升布以爲之。純絲也。絲易成。故從儉也。朱熹曰。升八十縷。則其經二千四百縷矣。細密難成不如用絲之省約。泰驕慢也。王肅曰。臣之與君行禮者。下拜然後升成禮。時臣驕

泰故於上拜也今從下禮之恭也。

子絕四。毋意毋必毋固毋我。毋音無

朱熹曰。絕無之盡者。太宰純曰。意意念也。人心無所制則意念妄発不可止也孔子以禮制心故毋意也常人不知命凡事取必於己心夫子居易俟命故毋必也固固陋也。人不學則固夫子博學於文故毋固也。我對人之我也。人多自是而非人是以不能從義夫子舍己從人故毋我也。

子畏於匡。曰。文王既沒。文不在茲乎。天之將喪斯文也。後死者。不得與於斯文也。天之未喪斯文也匡人其如予何。喪息浪反下同與音預

朱熹曰。匡地名。包咸曰。匡人誤圍夫子以爲陽虎。陽虎嘗暴於匡。夫子弟子顏剋時又與虎俱行。後剋爲夫子御。至於匡。匡人相與共識剋。又夫子容貌與虎相似。故匡人以兵圍之。太宰純曰。據史記。此孔子去衛適陳。過匡時事也。索隱曰。匡宋邑也。畏於匡。

者。言於匡有可畏之事也。文。謂禮樂也。孔
安國曰。茲此也。言文王雖已死。其文見在此。
此。自謂其身也。文王既沒。故孔子自謂後死
△今使我知之
也。言天將喪此文者。本不當使我知之。未
欲喪也。馬融曰。其如予何者。猶言奈我何
也。天未喪此文也。則我當傳之。匡人欲奈我
何。言其不能違天害己也。
大宰問於子貢曰。夫子聖者與。何其〔聞〕多能也。子
貢曰。固天縱之將聖。又多能也。子聞之曰。大宰

知我者乎吾少也賤。故多能鄙事。君子多乎
哉不多也。牢曰。子云。吾不試故藝。大音泰與音餘皇本我下有者
字從之
孔安國曰。太宰。大夫官名也。或吳或宋。未可
分也。邢昺曰。鄭云。是吳大宰嚭也。以左傳哀公
十二年。公會吳于橐皋。吳子使大宰嚭請
尋盟。公不欲。使子貢對。又子貢嘗適吳。故
鄭以爲是吳大宰嚭也。朱熹曰。與者疑
辭。大宰蓋以多能爲聖也。縱。猶肆也。言

不爲限量也。皇侃曰。固。故也。王充曰。將者且也。包咸曰。我少小貧賤。常自執事。故多能爲鄙人之事。君子固不當多能也。七十二弟子解曰。琴牢衛人。字子開。一字子張。鄭玄曰。試。用也。言孔子自云。我不見用。故多能技藝也。吳棫曰。弟子記夫子此言之時。子牢因言。昔之所聞。有如此者。其意相近。故併記之。纂疏曰。多能即多藝也。大宰譽孔子。而以多能爲聖也。言夫子何其多能。此所以爲聖與。子貢曰。固天縱之將聖。又多能也。所以明孔子之德不在多能。其餘事也。將聖。不敢直称聖之辭。蓋作者謂之聖。孔子雖有聖德。不敢自當。故子貢亦謙以答之。孔子不當作者之聖。而大宰以多能稱。孔子以爲得其實。故大宰知我乎。多能鄙事。亦謙辭也。

子曰。吾有知乎哉。無知也。有鄙夫來問於我。空空如也。我叩其兩端而竭。

皇本夫下有來字從之鄭本空空作悾悾

焉

孔安國曰。有鄙夫來問於我。其意空空然。我則發事之終始兩端以語之。竭盡所知。不爲有愛也。陸德明曰。叩發動也。邢昺曰。空空虛心也。荻生茂卿曰。空空與悾悾同。博雅云。悾悾誠也。鸞曰。盖有稱孔子爲多知者。故孔子謙曰。吾豈有知乎。無知也。鄙夫問於我。叩其兩端而竭焉。故爲知之耳。

子曰。鳳鳥不至。河不出圖。吾已矣夫。夫音符

朱熹曰。鳳靈鳥。舜時來儀。文王時鳴於岐

山。河圖河中龍馬負圖。伏羲時出。皆聖王之瑞也。已。止也。邢昺曰。傷時無明君也。太宰純曰。王者不作。則孔子不得行道。故發此歎。不曰王者不作。而曰鳳鳥不至。河不出圖者。爲時王諱也。

子見齊衰者。冕衣裳者與瞽者。見之。雖少者必作。過之必趨。齊音咨。衰七雷反。魯論冕作絻。鄭本作弁。皇本少下有者字。從之。

邢昺曰。齊衰。周親之喪服也。言齊衰則斬衰從可知也。包咸曰。冕者。冕冠也。大夫之服也。瞽者盲者也。作起也。趨疾行也。朱熹曰。衣上服。裳下服。冕而衣裳貴者之盛服也。萩生茂卿曰。子見齊衰者一句。冕衣裳者與瞽者見之一句。鸞曰。瞽者樂師也。孔子見此三者。必作必趨。蓋衰居喪者。貴盛服者。敬爲人師者也。

顏淵喟然歎曰。仰之彌高。鑽之彌堅。瞻之在前。忽焉在後。夫子循循然善誘人。博我以文。約我以禮。欲罷不能。既竭吾才。如有所立卓

爾。雖欲從之末由也已。邢本忽焉作忽然

何晏曰。喟然歎聲也。循循次序貌。誘進也。言夫子正以此道勸進人有次序也。邢昺曰。彌益也。末無也。朱熹曰。仰彌高。不可及也。鑽彌堅。不可入也。包咸曰。在前在後。言忽怳不可為形象也。孔安國曰。言夫子既以文章開博我。又以禮節約我。使我欲罷而不能。已竭我才矣。其有所立。則又卓然不可及。言已雖蒙夫子之善誘。猶不能及夫子之所立也。萩生茂卿曰。博我者。博我知見也。
約我者。納我於道也。文本合指詩書六藝。
則禮在其中。此與禮對言。則禮特謂守
諸己者。其實文非外禮而言之也。太宰
純曰。此顏淵歎美夫子之德。不可及、不可
入。不可捉摸也。夫子循循然善誘人。此顏
淵言賴夫子教導之力。得以進德也。博
我以文。約我以禮。是孔子平日教人之
方。顏淵自言其所受於夫子也。欲罷不

不能。既竭吾才。乃顏淵之所以爲好學也。如有所立卓爾。此顏淵重稱夫子之德也。雖欲從之。末由也已。從猶就也。之字指夫子言。欲就夫子所立之處。而此量其德。而無所由也。

子疾病。子路使門人爲臣。病間曰。久矣哉由之行詐也。無臣而爲有臣。吾誰欺。欺天乎。且予與其死於臣之手也。無寧死於二三子之手乎。且予縱不得大葬。予死於道路乎。
包咸曰。疾甚曰病。鄭玄曰。孔子嘗爲大
夫。故子路欲使弟子行其臣之禮。孔安
國曰。病少差曰閒。久矣由之行詐也。言
子路久有是心。非唯今日也。大葬。君臣禮葬
也。朱熹曰。病時不知。既差乃知其事。故言
我之不當有家臣。人皆知之。不可欺也。而
爲有臣。是欺天而已。死於道路。謂棄而
不葬也。馬融曰。無寧。寧也。二三子。門人也。

子貢曰。有美玉於斯。韞匵而藏諸。求善賈而沽諸。子曰。沽之哉。沽之哉。我待賈者也。賈音古

皇侃曰。韞裹之也。馬融曰。匵匵（匱）也。沽賣也。得善賈。寧肯賣之邪。小爾雅曰。諸之乎也。朱熹曰。子貢以孔子有道不仕。故設此二端以問也。荻生茂卿曰。賈音古。善賈。謂賈人之善者也。太宰純曰。此章問答。皆以譬喻爲辭也。沽之哉。猶言與君王哉

也。哉者深應之辭。賈者即賈人也。夫賣鬻。商賈之事。人有美玉。欲沽之。而不得賈人則不售。以君子不可親沽故也。夫子所謂賈者。寔謂先容之人。

子欲居九夷。或曰陋。如之何。子曰君子居之。何陋之有。

馬融曰。九夷。東方之夷。有九種也。君子居之。何陋之有。君子所居者化也。朱熹曰。亦乘桴浮海之意。

子曰。吾自衛反於魯。然後樂正。雅頌各得其所。皇本反下有於字從之

鄭玄曰。反於魯。哀公十一年冬也。是時道衰樂廢。孔子來還乃正之。故曰。雅頌各得其所。

子曰。出則事公卿。入則事父兄。喪事不敢不勉。不爲酒困。何有於我哉。

責

馬融曰。困亂也。荻生茂卿曰。此亦貴門弟子之善也。大宰純曰。困卽困于酒食之困。不爲

酒困者。不爲酒所困也。纂曰。與述而篇。默而識之之章。意同。言四者。學者當自勉之。非我所與知也。

子在川上曰。逝者如斯夫。不舍晝夜。夫音符　舍音捨

包咸曰。逝往也。言凡往者如川之流也。邢昺曰。孔子感嘆時事既往。不可追復也。太宰純曰。逝訓往。固也。然往之與來。其義反對。逝謂往而不反也。不舍晝夜者。言不暫留也。荻生茂卿曰。蓋孔子嘆年歲之

不可返以勉人及時用力。或於學。或於事親。或於拮据國家。皆爾。

子曰。吾未見好德如好色者也。

朱熹曰。史記。孔子居衞。靈公與夫人同車。使孔子爲次乘。招搖市過之。孔子醜之。故有是言。荻生茂卿曰。好德者。好有德之人也。

子曰。譬如爲山。未成一簣。止。吾止也。譬如平地。雖覆一簣。進。吾往也。

包咸曰。簣土籠也。朱熹曰。書曰。爲山九仞。功虧一簣。夫子之言。蓋出於此。言山成而而但少一簣。其止者吾自止耳。平地而方覆一簣。其進者吾自往耳。蓋學者自彊不息。則積少成多。中道而止。則前功盡棄。其止其往。皆在我而不在人。

子曰。語之而不惰者。其回也與。與音餘

朱熹曰。惰懈怠也。太宰純曰。語告語也。之字指顏淵。顏淵聞夫子之言。悅之深信之篤。故

。顏淵

奉行其教命。勤而不惰。所謂好學也。故夫子稱之。其回也與。言他人莫能及之也。

子謂顏淵曰。惜乎吾見其進也。未見其止也。

邢昺曰。此章以顏回早死。孔子於後歎息之也。

子曰。苗而不秀者有矣夫。秀而不實者有矣夫。夫音符

朱熹曰。穀之始生曰苗。吐華曰秀。成穀曰實。孔安國曰。言萬物有生而不育成者。

喻人亦然也。邢昺曰。此章亦以顏回早卒。孔子痛惜之。爲之作譬也。欒肇曰。按子曰行文。恐當合上章以爲一章。

子曰。後生可畏也。焉知來者之不如今也。四十五十而無聞焉。斯亦不足畏也已矣。皇本可畏下有也字章末有矣字從之上焉於虔反

何晏曰。後生謂年少也。朱熹曰。孔子言後生年富力彊。足以積學而有待。其勢可畏。安知其將來不如我之今日乎。然或不

能自勉。至於老而無聞。則不足畏矣。言此以警人。使及時勉學也。曾子曰。五十而不以善聞。則不聞矣。蓋述此意。

子曰。法語之言。能無從乎。改之為貴。巽與之言。能無說乎。繹之為貴。說而不繹。從而不改。吾末如之何也已矣。說音悅

孔安國曰。人有過。以正道告之。口無不順從之。能必自改之。乃為貴也。萩生茂卿曰。法語之言。先王之法言也。謂之語者。

如樂語合語之語。馬融曰。巽恭也。謂恭巽謹敬之言。聞之無不說者。能尋繹行之。乃爲貴也。皇侃曰。言有彼人不遜。而我謙遜。與彼恭言。故云遜與之言也。太宰純曰。巽與之言。巽與遜通。蓋恭遜相與之言也。末無也。朱熹曰。說而不繹。則不足以知其微意之所在。從而不改。則面從而已。

子曰。主忠信。毋友不如己者。過則勿憚改。皇本毋作無朱熹曰。重出而逸其半。

子曰。三軍可奪帥也。匹夫不可奪志也。

孔安國曰。三軍雖衆。人心不一。則其將帥可奪而取之。匹夫雖微。苟守其志。不可得而奪也。邢昺曰。士大夫已上有妾媵。庶人賤。但夫婦相匹配而已。故曰匹夫。

子曰。衣敝縕袍。與衣狐貉者立而不恥者其由也與。陸本敝作弊與音餘

孔安國曰。縕枲著也。邢昺曰。縕袍。衣之賤

者。狐貉。衣之貴者。朱熹曰。袍。衣有著者也。

不忮不求。何用不臧。子路終身誦之。子曰。是道也何足以臧。

馬融曰。忮害也。臧善也。言不忮害。不貪求。何用爲不善。疾貪惡忮害之詩也。何足以臧。臧善也。尚復有美於是者。何足善也。邢昺曰。此詩邶風雄雉之篇。茂卿曰。子路所誦者小矣。故孔子譏之。

所以進子路也。舊與上章合爲一章。今詳不枝以下。自別事。當分之。太宰純曰。上三句記者之言也。是道也道字輕。言此道未足以爲善也。非謂此是道也。

子曰。歲寒。然後知松柏之後彫。陸德明曰彫當作凋何晏曰。大寒之歲。衆木皆死。然後知松柏之小彫傷。平歲則衆木亦有不死者。故須歲寒而後別之。喻凡人處治世。亦能自脩整。與君子同在濁世。然後知君子之正。不苟容也。

子曰。知者不惑。仁者不憂。勇者者不懼。知音智

纂曰。知者明於事。故不惑也。仁者安於命。故不憂也。勇者勇於義。故不懼也。蓋單言仁。則兼知勇。與知勇相對。則各以其性之大德言之。

子曰。可與共學。未可與適道。可與適道。未可與立。可與立。未可與權。

朱熹曰。可與者。言其可與共爲此事也。孔安國曰。適之也。程頤曰。權稱錘也。所以稱物而知輕重者也。可與權。謂能權輕重使合義也。[illegible]曰。可與共學。謂志於道者也。可與適道。謂能進而一於道者也。可與立。謂立於道者也。如三十而立。權者。謂行已中道。得時措之宜也。

唐棣之華。偏其反而。豈不爾思。室是遠而。子曰。未之思也夫。何遠之有。春秋繁露唐作棠晉書偏作翩夫音符何晏曰。逸詩也。唐棣。移也。朱熹曰。郁（唐棣）李也。而諸助也。此逸詩也。於六義屬興。上兩句無意義。但起下兩句之辭耳。其所謂爾。亦不知其何所指也。太宰純曰。古注以此連上章。朱熹分此爲一章是也。按小雅角弓云。騂騂角弓。翩其反矣。此章偏字。當從晋書作翩。反與角弓之反同。亦其形也。陸德明一讀夫字屬上句。是也。鸞曰。翩其反而者。花形翩翩然反也。未之思也夫。何遠之有。孔子識詩人之不情也。

鄉黨第十

孔子於鄉黨恂恂如也。似不能言者。其在宗廟朝廷。便便言。唯謹爾。朝與下大夫言。侃侃如也。與上大夫言。誾誾如也。君在。踧踖如也。與與如也

朱熹曰。似不能言者。謙卑遜順。不以賢知先人也。鄉黨。父兄宗族之所在。故孔

子居之容貌辭氣如此。朝與下大夫言
此君未視朝時也。王肅曰。恂恂溫恭貌。
君在。君出視朝也。踧踖恭敬貌。與與。
威儀中適之貌。邢昺曰。凡言如也者。
皆謂如此義也。鄭玄曰。便便言辯貌。
雖辯而敬謹。孔安國曰。侃侃和樂貌。
誾誾中正貌。太宰純曰。注疏自篇首至
與與如也。爲一節。是也。
君召使擯。色勃如也。足躩如也。揖所與立。

左右其手。衣前後襜如也。趨進翼如也。賓退。必復命曰。賓不顧矣。皇本手上有其字從之

邢昺曰。擯謂主國之君。所出接賓者也。趨進。翼如也。謂疾趨而進。張拱端正如鳥之張翼也。孔安國曰。勃變色貌。復命。白賓已去也。包咸曰。躩盤辟貌。朱熹曰。色勃如也。足躩如也。皆敬君命故也。所與立。謂同爲擯者也。擯用命數之半。如上公九命。則用五人。以次傳命。襜。整

貌。鄭玄曰。揖左人。左其手。揖右人。右其手。一俛一仰。故衣前後襜如也。金履祥曰。賓不顧矣。此時禮辭也。聘禮。賓出。公再拜送。賓不顧。古者賓禮畢而出。卽不回顧。主人送拜之。亦不回顧。示易退之義。故皆曰賓不顧。當時辭令。遂謂賓去爲不顧也。

入公門。鞠躬如也。如不容。立不中門。行不履閾。過位。色勃如也。足躩如也。其言似不足者。

攝齊升堂。鞠躬如也。屛氣似不息者。出降一等。逞顏色怡怡如也。沒階趨進。翼如也。復其位。踧踖如也。

皇侃曰。鞠。曲斂也。邢昺曰。君門雖大。斂身如狹小不容受其身也。中門。謂棖闑之中央。君門中央有闑。兩旁有棖。棖謂之門梐。棖闑之中。是尊者所立處。故人臣不得當之而立也。行不履閾。出入不得踐履門限。所以爾者。一則自高。二則不淨並爲不敬。過位。謂門屏之間。人君宁立之處。孔安國曰。閾。門限也。衣下曰齊。攝齊者。摳衣也。逞顏色怡怡如也。先屏氣。下階舒氣。故怡怡如也。沒盡也。下盡階也。朱熹曰。過位。色勃如也。君雖不在。過之必敬。不敢以虛位而慢之也。言似不足者。不敢肆也。屏。藏也。息。鼻息出入者也。近至尊。氣容肅也。等。階之級也。逞。放也。怡怡。和悅也。趨。走就位也。復位踧踖。敬之餘也。鄭玄曰。齊。謂裳下緝也。陸德明曰。沒階趨。一本作沒階趨進。誤也。

執圭。鞠躬如也。如不勝。上如揖。下如授。勃如戰色。足蹜蹜。如有循。享禮。有容色。私覿。愉愉如也。魯論下作趨

朱熹曰。圭。諸侯命圭。聘問鄰國。則使大夫執以通信。如不勝。主器。執輕如不克。敬慎之至也。上如揖。下如授。謂執圭平衡。手與心齊。高不過揖。卑不過授也。戰

緣

色戰而色懼也。蹜蹜舉足促狹也。如有循。記所謂。舉前曳踵。言行不離地。如緣物也。有容色和也。儀禮曰。發氣滿容。鄭玄曰享。獻也。聘禮。既聘而享。享用圭璧。有庭實也。覿。見也。既享。乃以私禮見。愉愉。顏色和也。

君子不以紺緅飾。紅紫不以爲褻服。當暑。袗絺綌。必表而出之。緇衣羔裘。素衣麑裘。黃衣狐裘。褻裘長。短右袂。必有寢衣。長一身有半。狐貉之厚以居。去喪。無所不佩。非帷裳。必殺之。羔裘玄冠。不以弔。吉月。必朝服而朝（皇本袗作縝陸本作紾皇本出下無之字從之）

邢昺曰。君子。謂孔子也。說文曰。紺帛深青揚赤色。考工記曰。三入爲纁。五入爲緅。鄭玄曰。染纁者。三入而成。又再染以黑。則爲緅。緅。今禮俗文作爵。言如爵頭色也。飾。謂純緣也。帷裳。謂朝祭之服。其制。正幅如帷也。非者。謂餘衣也。殺之者。削其幅。使縫齊倍腰者也。王肅曰。褻服。私居服。非公會之服也。皇侃曰。縝單也。絺細練葛也。綌大練葛也。太宰純曰。出。謂出行及接賓也。邢本朱本。皆行之字。朱熹曰。緇黑色。羔裘用黑羊皮。麑鹿子。色白。狐色黃。衣以裼裘。欲其相稱。狐貉之厚。以居。狐貉毛深溫厚。私居取其適體。孔安國曰。必表而出。加上衣也。褻裘長短右袂。私家裘長。主溫也。短右袂者。便作事也。寢衣。今被也。去喪無所不佩。去除也。非喪則備佩所宜佩也。羔裘玄冠不以弔。喪主素。吉主玄。吉凶異服。故不相弔。吉月月朔也。朝服。皮弁服也。鸞曰。按古正服皆有禮制。不可以私好亂其色。褻服則宜從吾好然。故孔子不以紺緅飾者。褻服之飾也。不以紺緅者。非爲齊服練服之故也。孔安國云。紺。齊服盛色。一入曰緅。三年練。以緅飾衣。朱熹因之。以緅爲絳色。今考之。爾雅曰。一入曰縓。禮。三年練。以縓爲深衣領緣。不云用緅。未知孔氏之説何所據也。紅紫不以爲褻服。亦非惡間色不用之也。且玉藻。玄冠紫緌自魯桓公始也。註。蓋僭宋王者之後服也。然則正服亦不用紫。孔子之不用此四色。蓋其不好之與。又有故而不用之與。千歲之下。不能知其意。不强爲之解而可也。程子以必有寢衣爲錯簡。不必然也。去喪無所不佩者。古之君子必佩玉。以比德唯喪否。無所不佩謂恒佩之。非觿礪之屬亦皆佩也。

齊。必有明衣。布。齊。必變食。居必遷坐（齊側皆反）

孔安國曰。以布爲沐浴衣也。變食。改常食也。遷坐。易常處也。

食不厭精。膾不厭細。饐而餲。魚餒。而肉敗。不食。色惡。不食。臭。惡。不食。失飪。

不食。不時。不食。割不正。不食。不得其醬。不食。肉雖多。不使勝食氣。惟酒無量。不及亂。沽酒市脯。不食。不撤薑食。不多食。祭於公。不宿肉。祭肉不出三日。出三日不食之矣。食不語。寢不言。雖疏食菜羹瓜。祭必齊如也。食不厭精之食音嗣下食饐食氣疏食同餧又作餧說文氣作餼沽音古魯論瓜作必齊側皆反

陸德明曰食不厭精。食。飯也。邢昺曰膾不厭細。牛與羊魚之腥。聶而切之爲膾。沽酒

市脯不食。沽。賣也。酒不自作。未必精潔。脯不自作。不知何物之肉。故不食也。孔安國曰。魚敗曰餒。失飪。失生熟之節也。撤去也。不多食。不過飽也。齊者。齊嚴敬貌。三物雖薄。祭之必敬也。朱熹曰。精。鑿也。不厭。言以是爲善。非必欲如是也。饐。飯傷熱溫也。餲。味變也。色惡臭惡。未敗而色臭變也。不時。五穀不成。果實未熟之類。不得其醬。不食。食肉用醬。各有所宜。

不得則不食。不使勝食氣。食以穀爲主。故不使肉勝食氣。祭必齊如也。古人飲食。每種各出少許。置之豆間之地。以祭先代始爲飲食之人。不忘本也。江熙曰。殺不以道。爲不正。周生烈曰。不宿肉。助祭於君。所得牲體。歸則以頒賜。不留神惠也。蘇生茂鄉曰。不及亂。以失威儀爲亂。不撤薑食。蓋孔子嗜薑。如文王嗜昌歜。曾晳嗜羊棗。祭肉不出三日。出三日不食之矣。此傳論語者之言。誤入正文也。

食不語。語。如合語樂語之語。謂語言方食之時不語。食訖乃語。尊道也。雖疏食菜羹瓜絶句。朱子從陸氏。瓜作必。非矣。陸氏所見魯論。必寫誤耳。鸞曰。不多食。凡食。不多食也。寢不言。就寢而言。失禮也。

席不正不坐。

皇侃曰。舊說云。鋪之不周正。則不坐

之。

鄉人飲酒。杖者出斯出矣。鄉人儺。朝服而立於阼階。魯論儺作獻陸本無階字

孔安國曰。杖者。老人也。鄉飲酒之禮主於老者。老者禮畢出。孔子從而出也。儺。驅逐疫鬼也。恐驚先祖。故朝服而立於廟之阼階也。邢昺曰。鬼神依人。庶其依已而安也。所以朝服者。大夫朝服以祭。故祭服以依神也。朱熹曰。六十杖於鄉。未出不

敢先。既出。不敢後。

問人於他邦。再拜而送之。康子饋藥。拜而受之。曰。丘未達。不敢嘗。皇本再拜下無而字陸德明曰拜而受之本無而之二字

孔安國曰。拜送使者敬也。丘未達。不敢嘗。未知其故。不嘗禮也。邢昺曰。問。猶遺也。謂因問有物遺之也。大宰純曰。康子。季康子也。不敢嘗。記者之辭。孔子未知季孫所以饋藥之故。豈敢違禮。而妄嘗之哉。荻

生茂卿曰。古者無饋藥之禮。以其毒也。嘗者。對其使而嘗少許。以示不虛其賜。

廐焚。子退朝曰。傷人乎。不問馬。

邢昺曰。廐焚。孔子家廐被火也。鄭玄曰。退朝者。自魯君之朝來歸也。大宰純曰。不問馬。記者之辭。鷟曰。孔子先問人。故記者曰不問馬。問人之後。宜馬亦問。非必不問馬也。

君賜食。必正席先嘗之。君賜腥。必熟而薦

之。君賜生。必畜之。侍食於君。君祭。先飯。疾。君視之。東首。加朝服拖紳。君命召。不俟駕行矣。魯論生作牲　陸本拖作拕

孔安國曰。必正席者。敬君之惠也。既嘗之。乃以頒賜也。薦其祖先也。朱熹曰。食恐或餕餘。故不以薦。腥。生肉也。鄭玄曰。於君祭則先飯矣。若爲君嘗食然也。不俟駕行。急趨君命也。出行而車既駕隨之。包咸曰。夫子疾。處南牖之下。東首。加其

朝服。拖紳。紳。大帶。不敢不衣朝服見君也。邢昺曰。拖。加也。俟猶待。荻生茂卿曰。按玉藻曰。君子之居恒當戶。又曰。寢恒東首。蓋古人室制。戶在東南。東首取鄉明也。君來視之。故正其禮也。鶚曰。君賜生必畜之。重君之賜。無故不敢殺也。

入大廟每事問。

鶚曰。此章見八佾篇者。録者之所主在或曰以下。此篇則惟記孔子入大廟事。故不載或曰以下。非重出也。

朋友死。無所歸。於我殯。朋友之饋。雖車馬。非祭肉不拜。

胡泳曰。古者三日而殯。三月而葬。但曰殯而不曰葬。則其親者在遠。必訃告之未及故也。太宰純曰。意者夫子朋友。有館於孔氏者。死而無所歸。故夫子有是言也。邢昺曰。於我殯。與之爲喪主也。孔安國曰。不拜者。有通財之義也。荻生茂卿曰。

祭肉必拜者。敬神也。雖妻祭必拜。寢不尸。居不容。見齊衰者。雖狎必變。見冕者與瞽者。雖褻必以貌。凶服者式之。式負版者。有盛饌。必變色而作。迅雷風烈必變。陸本容作客 鄭本冕作弁

荻生茂卿曰。寢內寢也。尸謂祭祀之尸也。禮坐如尸。惟在內寢則否。式負版者。此亦傳論語者之言。誤入正文也。負版。喪服之之負版也。孔安國曰。居不容。爲室家之敬。難久也。狎者。素親狎也。凶服者。送死

之衣物也。變色而作。作起也。敬主人之親饋也。太宰純曰。居不容。居燕居。不容。乃所謂申申夭夭也。變者。謂變色容也。朱熹曰。容。容儀也。褻。謂燕見。貌。謂禮貌。迅。疾也。烈。猛也。禮記曰。若有疾風迅雷甚雨。則必變。雖夜必興。衣服冠而坐。邢昺曰。式者。車上之横本[木]。男子立乘。有所敬。則俯而憑式。遂以式爲敬名。鸞曰。迅雷風烈。必變。愼天變也

升車。必正立執綏。車中。不內顧不疾言。不親指。魯論車中下無不字

周生烈曰。必立執綏。所以爲安也。邢昺曰。綏者。挽以車之索也。顧。迴視也。包咸曰。車中不內顧者。前視不過衡軛。傍視不過輢轂也。皇侃曰。內猶後也。

色斯舉矣。翔而後集。曰。山梁雌雉。時哉時哉。子路共之。三嗅而作陸本無一時哉

邢昺曰。梁。橋也。作起也。晁説之曰。石經嗅作

戛。謂雉鳴也。劉勉之曰。嗅當作狊。古闃反。張兩翅也。見爾雅。鸞鳥曰。色者。雌雉之色也。色斯舉矣者。謂疾舉也。時者。春之時也。共。讀為拱也。言孔子出行。孔子出行。子路從。時是春。偶見雌雉集于山梁。有所感於心。歎其得時。子路聞孔子之歎。拱手而立。則雉乃三張兩翅而起也。蓋孔子不能得時而行道。故有此歎。

論語私考卷第五 終

論語私考卷第六

土佐　山本鸞　撰

先進第十一

子曰。先進於禮樂。野人也。後進於禮樂。君子也。如用之。則吾從先進。

孔安國曰。先進後進。謂士先後輩也。荻生茂卿曰。先進於禮樂。野人也。後進於禮樂。君子也。是時人或先輩之言。而孔子稱之。先進後進。皆以周人言之。此曰於禮樂。曰如用之。則以人之爲禮樂言之。蓋世人徒以禮樂爲美觀。而不知其義所在。務備其物。以修其數。謂爲君子。至於先進之士。如晏子其國奢。而示之以儉者。賤以爲野人。故孔子曰。吾從先進。鸞曰。上舉時人之言。下曰吾從先進者。所以正時人之謬也。

子曰。從我於陳蔡者。皆不及門也。德行。顏淵。閔子騫。冉伯牛。仲弓。言語。宰我。子貢。政事。冉有。季路。文學。子游。子夏。

朱熹曰。孔子嘗厄於陳蔡之間。弟子多從之者。此時皆不在門。故孔子思之。蓋不忘其相從於患難之中也。弟子因孔子之言。記此十人。而并目其所長。分爲四科。孔子教人。各因其材。於此可見。荻生茂卿曰。四科乃四教之所成。德行。行也。文學。文也。言語尚信。政事尚忠。孔子以四教。其所成人才。亦不過此四科而已。鶱曰。及。如女及日乎閨閫之内及也。昔日從陳蔡者。

或死或之四方。不能長在此。而及於今日之孔門也。

子曰。回也非助我者也。於吾言無所不說。說音悅孔安國曰。助。猶益也。言回聞言即解。無可發起增益於己也。朱熹曰。助我。若子夏之起予。因疑問而有以相長也。顏子於聖人之言。默識心通。無所疑問。故夫子云然。其辭若有憾焉。其實乃深喜之。

子曰。孝哉閔子騫。人不間於其父母昆弟

之言。閒古莧反

邢昺曰。閒。謂非毁閒厠。太宰純曰。方弘靜千一録曰。孝哉閔子騫。似非夫子語。夫子未嘗稱七十子字也。疑子曰上落一字耳。按此亦一説。意者此章是曾子若有子之言歟。騫曰。父母昆弟稱其孝。人無閒然。

南容三復白圭。孔子以其兄之子妻之。三息暫反妻七細反孔安國曰。詩云、白圭之玷尚可磨也。斯言之玷、不可爲也。南容讀詩至此。三反覆之。是其心慎言也。邢昺曰。此卽邦有道不廢。邦無道免於刑戮者也、弟子各記所聞。故又載之。詩。大雅抑篇。

季康子問。弟子孰爲好學。孔子對曰。有顏回者好學。不幸短命死矣。今也則亡。未聞好學者也。陸本無季字、皇本章末有未聞好學者也六字、從之

欒肇曰。哀公康子問同而對有詳略者。

無異義。孔子對。偶有詳略耳。
顏淵死。顏路請子之車以爲之椁。子曰。才不才亦各言其子也。鯉也死。有棺而無椁。吾不徒行以爲之椁。以吾從大夫之後。不可徒行也。皇本吾不下有可字不可上有吾以二字
家語曰。顏回年二十九而髮白。三十一早死。七十二弟子解曰。顏由。顏回父。字季路。孔安國曰。家貧。故欲請孔子之車。賣以作椁。鯉。孔子之子伯魚也。孔子時爲大夫。言從大

夫之後。不可以徒行。謙辭也。朱熹曰。椁。外棺也。才不才亦各言其子也。言鯉之才。雖不及顏淵。然已與顏路。以父視之則皆子也。邢昺曰。徒行。步行也。鸞曰。孔子之言。實以止顏路之欲厚葬辭也。

顏淵死。子曰。噫。天喪予。天喪予。噫於其反　喪息浪反

包咸曰。噫。痛傷之聲也。王充曰。此言人將起。天與之輔。人將廢。天奪其祐。顏淵早夭。故曰天喪予。

顏淵死。子哭之慟。從者曰。子慟矣。子曰。有慟乎。非夫人之爲慟。而誰爲慟皇本曰慟乎上有子字章末有慟字從之夫音符爲于僞反論衡作吾非斯人之慟而誰爲

馬融曰。慟哀過也。孔安國曰。有慟乎。不自知已之悲哀過也。朱熹曰。夫人。謂顏淵。言其死可惜。哭之宜慟。非他人之此（比）也。

顏淵死。門人欲厚葬之。子曰。不可。門人厚葬之。子曰。回也視予猶父也。予不得視猶子也。非我也夫。二三子也。夫音符

太宰純曰。門人。孔子門人也。何晏曰。禮貧富各有宜。顏淵家貧。而門人欲厚葬。故不聽也。朱熹曰。非我也夫。二三子也。歎不得如葬鯉之得宜也。鸞曰。夫字屬上。孔子言不得視顏回猶視子者。非我之由。二三子之所爲也。此所以責門人也。按因顏路請車以見之。則厚葬此顏路之意。而門人從之。孔子之責門人。實所以責顏路也。

季路問事鬼神。子曰。未能事人。焉能事鬼。曰。敢問死。曰未知生。焉知死。焉於虔反下同皇本敢問下有事字陳群曰。鬼神及死事。難明。語之無益故不荅也。鸞鳥曰。鬼神及死幽也。人及生。明也。知明之至。可以知幽矣。且鬼神不可測者也。死不可言者也。不務知明以務知幽。則不唯無益。而却惑焉。季路之心。在知鬼神。故孔子荅之如此。所以抑之也。

閔子侍側。誾誾如也。子路行行如也。冉有子

貢侃侃如也。子樂。曰若由也。不得其死然皇本閔子下有騫字行胡浪反皇本冉有作冉子樂音洛皇本若上有曰字從之
鄭玄曰。子樂者。樂各盡其性也。行行。剛強之
貌也。孔安國曰。不得其死。然不得以壽終也。
邢昺曰。然猶焉也。太宰純曰。侍側二字。統言。
通下三子。按孔子嘗觀子路行行剛強。非
所以免害於亂世。故言此以警之。○騫曰。誾
誾。侃侃。說見于鄉黨篇。
魯人爲長府。閔子騫曰。仍舊貫。如之何。必改

作。子曰。夫人不言。言必有中。魯論仍作仁貫古亂反夫音符中陟仲反

鄭玄曰。長府。藏名也。藏貨曰府。仍因也。貫事也因舊事則可。何乃復更改作。王肅曰言必有中者。善其不欲勞民改作。荻生茂卿曰。不言。謂不言政事也。鸞曰。中者謂合於道也。

子曰。由之鼓瑟奚爲於丘之門。門人不敬子路。

子曰。由也升堂矣。未入於室也。皇本瑟上有鼓字從之

馬融曰。言子路鼓瑟不合雅頌也。邢昺曰。奚何也。朱熹曰。門人以夫子之言。遂不敬子路故夫子釋之。太宰純曰。所謂北鄙殺伐之聲不足於中和。故孔子譏之。事見家語。升堂入室。喻聞道之淺深也。

子貢問。師與商也孰賢。子曰。師也過。商也不及。曰。然則師愈與。子曰。過猶不及也。皇本問下有曰字。賢下有乎字。愈以主反。與音餘。皇本章末有也字。從之

邢昺曰。孰誰也。孔安國曰。言俱不得中也。朱熹

曰。子張才高意廣。而好爲苟難。故常過中。子夏篤信謹守。而規模狹隘。故常不及。

季氏富於周公。而求也爲之聚斂而附益之。

子曰。非吾徒也。小子鳴鼓而攻之可也。爲于僞反皇本附益之作附益也

孔安國曰。周公。天子之宰。卿士也。冉求爲季氏宰。爲之急賦稅也。朱熹曰。非吾徒。絕之也。王充曰。攻者責也。責讓之也。鄭玄曰。小子門人也。鳴鼓。聲其罪以責之也。太宰純

曰。按周公子孫在周世爲卿士。襲號周公。春秋所謂周公是也。可者。言無不可。夫子特宣揚其罪云爾。非令小子之辭也。

柴也愚。參也魯。師也辟。由也喭。子曰。回也其庶乎。屢空。賜不受命而貨殖焉。億則屢中。皇本殖作植史記億作意中陟仲反

七十二弟子解曰。高柴。齊人高氏之別族。字子羔。何晏曰。愚愚直也。孔安國曰。魯。鈍也。曾子性遲鈍。馬融曰。子張才過人。失在邪

僻文過。鄭玄曰。子路之行。失於畔喭。王弼曰。喭剛猛也。邢昺曰。舊注作吸喭。字書。吸喭失容也。言子路性行剛彊。常吸喭。失容也。言子路性行剛彊。常吸喭。失於禮容也。朱熹曰。庶近也。言近道也。屢空。數至空匱也。言其近道。又能安貧也。命謂天命。貨殖。貨財生殖也。億意度也。王充曰。子貢善居積。意貴賤之期。數得其時。故貨殖多。富比陶朱。萩生茂卿曰。此章與賜也。

達。由也果。求也藝者殊焉。彼稱諸外。故揚其善。此稱諸內。故言其失以使自知之。或使朋友傳之耳吳棫曰此章之首。脫子曰二字。或疑下章子曰。當在此章之首。通爲一章。太宰純曰。夫子稱六子之名而論其性行。更無異義。故知其本一章。而子曰二字。闕之章首。而行之中間。無疑。

子張問善人之道。子曰。不踐迹。亦不入於

室。

孔安國曰。踐循也。言善人不循追舊迹而已。亦多少能創業。亦不能入於聖人之奧室也。荻生茂卿曰。孔子嘗以聖人並言。可見豪傑之士。如管仲輩是也。故孔安國以創業言之。踐迹。如王者之迹。王迹蓋先王禮樂。有所以純理天下者存焉。是王者已行之舊迹。故曰之迹。如管仲爲仁於天下。不循聖人之迹。變化縱橫。或似能入聖人之閫奧。故孔子斷以不入室耳。如孟子可欲。之謂善。亦謂其爲天下之人所好也。

子曰。論篤是與。君子者乎。色莊者乎。與如字

朱熹曰。言但以其言論篤實而與之。則未如其爲君子者乎。爲色莊者乎。言不可以言貌取人也。太宰純曰。色莊。謂矜持爲莊。有君子之容。而無其德者也。

子路問。聞斯行諸。子曰。有父母在。如之何。其

聞斯行之。冉有問。聞斯行諸。子曰。聞斯行之。公西華曰。由也問。聞斯行諸。子曰。有父兄在。求也問。聞斯行諸。子曰。聞斯行之。赤也惑。敢問。子曰。求也退。故進之。由也兼人。故退之。皇本其聞斯行之下有也字

小爾雅曰。諸之乎也。孔安國曰。赤也惑。惑其問同而答異也。鄭玄曰。言冉有性謙退。子路務在勝尚人。各因其人之失而正之。太宰純曰。兼人。謂兼人之所爲也。

子畏於匡。顏淵後。子曰。吾以女爲死矣。曰。子在。回何敢死。（女音汝）
孔安國曰。言與孔子相失。故在後。包咸曰。言夫子在已無所敢死也。鸞曰。顏子之心在共死生也。

季子然問。仲由冉求可謂大臣與。子曰。吾以子爲異之問。曾由與求之問。所謂大臣者。以道事君。不可則止。今由與求也。可謂具臣矣。曰。然則從之者與。子曰。弒父與君

亦不從也。臣與者與之與並音餘陸本弑作殺

孔安國曰。季子然季氏之子弟也。自多得臣此二子故問之也。吾以子爲異之問謂子問異事耳。則此二人之問安足爲大臣乎。可謂具臣矣。言備臣數而已。弑父與君亦不從也。言二子雖從其主。亦不與爲大逆也。朱熹曰。曾由與求之問。曾猶乃也。輕二子以抑季然也。然則從之者與。意二子既非大臣。則從季氏之所爲而已。弑父與君亦不從也。言二子雖不足於大臣之道。然君臣之義則聞之熟矣。弒逆大故。必不從之。蓋深許二子。以死難不可奪之節。而又以陰折季氏不臣之心也。

子路使子羔爲費宰。子曰。賊夫人之子。子路曰。有民人焉。有社稷焉。何必讀書然後爲學。子曰。是故惡夫佞者。夫音符下同　惡烏路反

朱熹曰。子路爲季氏宰。而舉之也。萩生茂卿曰。夫人子者。少之之辭。包咸曰。子羔學

未熟習。而使爲政。所以爲賊害人之子也。太宰純曰。賊夫人之子者。子産所謂。猶未能操刀。而使割也。其傷實多者是也。是故惡夫佞者。孔子不敢責子路之失言。而徒告之如此。蓋君子居恒惡佞者。爲其禦人以口給也。夫子言此。所以使子路思之。而自知其過也。孔安國曰。有民人焉。有社稷焉。言治民事神。於是而習亦學也。是故惡夫佞者。疾其以口給應。遂己非而不知窮者也。

子路曾晳冉有。公華侍坐。子曰。以吾一日長乎爾。毋吾以也。居則曰。不吾知也。如或知爾。則何以哉。子路率爾而對曰。千乘之國。攝乎大國之間。加之以師旅。因之以饑饉。由也爲之。比及三年。可使有勇且知方也。夫子哂之。求爾何如。對曰。方六七十如五六十。求也爲之。比及三年。可使足民也。如其禮樂。以俟君子。赤爾何如。對曰。非曰能之。願學焉。宗廟之事。如會同。端章甫願爲小相焉。點爾何如。鼓瑟希。鏗爾舍瑟而作。曰異乎三者之撰。子曰。何傷乎。亦各言其志也。曰。莫春者。春服旣成。冠者五六人。童子六七人。浴乎沂風乎舞雩。詠而歸。夫子喟然歎曰吾與點也。三子者出。曾晳後。曾晳曰。夫三子者之言何如。子曰。亦各言其志也已矣。曰。夫子何哂由也。曰。爲國以禮。其言不讓。是故哂之。唯求則非邦也與。安見方六七十如五六十而非邪也者。唯赤則非邪也與。宗廟會同。非諸侯而何。赤也爲之小。孰能爲之大。長竹文反皇本毋作無鄭本以也作已也饑作飢比必利反下同皇本民下有也字從之相息亮反舍音捨撰士免反鄭本作僎陸本志下無也字莫音暮皇本冠上有得字鄭本歸作饋論衡同夫三子者之夫音符皇本曰爲國上有子字非邪也與之與音餘下同陸本安作焉皇本下宗廟下有之事如三字而何作如之何

七十二㢡子解曰。曾點。曾參父。字子皙。太宰純曰。侍坐。謂侍於孔子之座也。吾一日長乎爾。言吾生先汝一日也。此謙辭也。爾。汝也。指四子。下文如或知爾。求爾何如。赤爾

何如點爾何如四爾字皆訓汝千乘國。以
春秋之時言之。如魯衛宋陳是也。千乘亦
大槩言之。大國、在春秋。如齊楚晉秦是也。
比及三年。言不出三年也。莫春。恐以夏時
言之耳。經傳亦有然者也。吾與點也。蓋
曾點狂者。知時不可爲而能不爲。與夫
處畎畝之中。而樂堯舜之道者。同其歸。
故夫子與之。孔安國曰以吾一日長乎爾。毋
吾以也。言我問女。女無以我長故難對也。居則曰不吾知也。如或知爾。則何以哉。女常居云。人不知己也。如有用女者。則以爲治乎。可使足民也。如其禮樂。以俟君子。求自云。能足民而已。謂衣食足也。若禮樂之化。當以待君子。謙之辭也。鼓瑟希。鏗爾舍瑟而作。對曰。異乎三子者之撰。思所以對。故其音希也。鏗爾者。投瑟之聲也。置瑟起對也。撰。具也。爲政之具也。何傷乎。亦各言其志也。各言己志。於義無傷。宗廟會同。非諸侯而何。赤也爲之小。孰能爲之大。明皆諸侯之事。與子路同。徒笑子路不讓也。赤謙言小相耳。誰能爲大相者也。何晏曰。率爾先三人對也。方。義方也。方六七十。如五六十。求性謙退言欲得方六七十。如五六十里小國治之而已也。爾雅曰。穀不熟爲饑。蔬不熟爲饉。朱熹曰。率爾。輕遽之貌。攝。管束也。二千五百人爲師。五百人爲旅。因。仍也。方六七十。如五六十。

如。猶或也。端章甫、願爲小相焉。端、玄端、服。章甫、禮冠。相。贊君之禮者。言小、亦謙辭。點爾何如。四子侍坐。以齒爲序。則點當次對。以方鼓瑟。故孔子先問求赤。而後及點也。浴乎沂。風乎舞雩。詠而歸。浴。盥濯也。今上巳祓除是也。沂、水名。在魯城南。地志以爲有温泉焉。理或然。風。乘涼也。詠。歌也。其言不讓。是故哂之。夫子蓋許其能。特哂其不讓。唯求則非邦也與。安見方六七十。如五六十而非邦也者。曾點以冉求亦欲爲國。而不見哂故徵問之。而夫子之答無貶辭。蓋亦許之。唯赤則非邦也與。宗廟會同。非諸侯而何。赤也爲之小。孰能爲之大。此亦曾晳問。而夫子答也。孰能爲之大。言無能出其右者。亦許之之辭。馬融曰。哂。笑也。皇侃曰。齒本曰哂。大笑口開則哂見。鄭玄曰非曰能之。願學焉。我非自言能也。願學爲之。宗廟之事。

謂祭祀也。會同。諸侯時見曰會。殷見謂同。包咸曰。春服既成者。衣單袷之時也。邢昺曰。雩者。祈雨之祭名。使童男女舞之。春官巫職曰。旱暵則舞雩。因謂其處爲舞雩之處。有壇墠樹木。可以休息。故云風乎舞雩也。周生烈曰。吾與點也。善點之獨知時也。鸞曰。千乘之國。攝乎大國之間。加之以師旅。因之以饑饉。春秋之時。小國於大國。命令無常。難供給焉。況復師旅不息。饑鏜仍臻。唯首尾是懼，而知義方者也。按曾點亦非無爲國之志，而知時之不可。其所志在安命。不欲言爲國之事。孔子以爲國問之，不當以己今日之事對之，故曰異乎三子者之撰。此所以待後命也。孔子果曰何傷乎。亦各言其志也。然後所對如此。不唯嘐嘐然狂者，可謂知命之君子也。故孔子歎而與之。

顏淵第十二

顏淵問仁。子曰。克己復禮爲仁。一日克己復禮。天下歸仁焉。爲仁由己。而由人乎哉。顏淵曰。請問其目。子曰。非禮勿視。非禮勿聽。非禮勿言。非禮勿動。顏淵曰。回雖不敏。請事斯語矣。

馬融曰。克己。約身也。孔安國曰。復。反也。身能反禮則爲仁矣。行善在己。不在人也。太宰純曰。春秋傳。仲尼曰。古也有志。克己復禮仁也。由此觀之。克己復禮。古志之語也。已。

卽身也。復。反復也。反復禮。猶易言反復道也。言不違禮也。爲猶行也。天下歸仁焉。此以效言之。歸。猶與也。包咸曰。請問其目。知其必有條目。故請問也。王肅曰。請事斯語矣。敬事此語。必行之。鸞曰。克己復禮。謂納身於禮也。此約禮之事。而所以爲仁也。克。如易之子克家之克。謂能脩其身也。馬融訓克己爲約身。亦謂以禮約身也。言能脩己。反復不違禮者。

是爲仁者也。禮。先王之禮也。夫先王之道。仁而已矣。仁。善之統名。而禮樂所以爲仁之具也。苟能脩己不違禮。則仁德由此以成。無行而非仁者矣。故若或一日克己復禮。天下之人皆歸與我仁也。一日。猶言一旦也。天下。言其效之速且大。無不與我者也。仁非不可及者。己行之則是也。非假他人之力。非禮者。謂不善。卽不仁之謂也。四目亦克己復禮之事。謂爲仁也。非謂如此而後可以至爲仁也。

仲弓問仁。子曰出門如見大賓。使民如承大祭。己所不欲勿施於人。在邦無怨。在家無怨。仲弓曰。雍雖不敏。請事斯語矣。

孔安國曰。爲仁之道。莫尚乎敬也。邢昺曰。大賓。公侯之賓也。大祭。禘郊之屬也。包咸曰。在邦。爲諸侯。在家。爲卿大夫。大宰純曰。承。猶奉也。出門如見大賓。使民如承大祭。敬也。己所不欲。勿施於人。恕也。在邦無怨。在家無怨。此二句以效之。左氏傳載臼季曰。臣聞之。出門如賓。承事如祭。仁之則也。蓋古有斯語。而孔子亦誦之。以告仲弓也。纂曰。出門當愼威儀。故如見大賓也。使民不須妄使。故如承大祭也。

司馬牛問仁。子曰。仁者其言也訒。曰其言也訒。斯可謂之仁已矣乎。子曰。爲之難。言之得無訒乎。皇本斯下有可字之仁下有已字從之

七十二弟子解曰。司馬犂耕。宋人。字子牛。

孔安國曰。訒難也。行仁難矣。言仁亦不得不難。太宰純曰。斯可謂之仁已矣乎。司馬牛聞夫子之言。以爲言訒之爲仁。恐非其至者。故重問也。斯。猶即也。朱熹曰。夫子以牛多言而躁。故重問也。斯。猶即也。朱熹曰。夫子以牛多言而躁。故告之以此。楊時曰。觀此及下章再問之語。牛之易其言可知。

司馬牛問君子。子曰。君子不憂不懼。曰。不

憂不懼。斯可謂之君子已矣乎。子曰。內省不疚。夫何憂何懼。皇本斯下有可字君子下有也字從之

孔安國曰。牛兄桓魋。將爲亂。牛自宋來學。常憂懼。故孔子解之。包咸曰。疚病也。內省無罪惡。無可憂懼也。皇侃曰。內省。謂反自視己心也。大宰純曰。牛之憂懼。誠人情也。然兄爲之惡。己能救之者。固當救之。救之而弗止。則己末如之何。雖憂之無益也。己兄爲天倫也。不幸而罹其禍

歟。命也。不可逭也。雖懼之。無益也已。中庸曰。君子內省不疚。無惡於志。若然者。何憂何懼。非謂其於兄弟之惡。恝爾弗愁也。

司馬牛憂曰。人皆有兄弟。我獨亡。子夏曰。商聞之矣。死生有命。富貴在天。君子敬而無失。與人恭而有禮。四海之內。皆爲兄弟也。君子何患乎無兄弟也。亡音無皇本皆下有爲字從之

鄭玄曰牛兄桓魋行惡。死喪無日。我獨爲

無兄弟也。邢昺曰。亡。無也。荻生茂卿曰。死生有命。言其不可辭也。富貴在天。言其不可求也。太宰純曰。命者。天命也。有命。在天。互言之耳。鸞曰。敬而無失。敬事而無過失也。

子張問明。子曰。浸潤之譖。膚受之愬。不行焉。可謂明也已矣。浸潤之譖。膚受之愬不行焉。可謂遠也已矣。（漢書愬作訴）鄭玄曰。譖人之言。如水之浸潤。漸以成之。

馬融曰。膚受之愬。皮膚外語。非其內實也。邢昺曰。愬亦譖也。變其文耳。纘曰。膚受之愬譖者。構成人之過惡。其人皮膚受毁。而實無罪也。不行焉。謂不惑於譖者也。明者。智之明也。遠者。謂明之及遠而不蔽於近也。

子貢問政。子曰。足食足兵。使民信之矣。子貢曰。必不得已而去。於斯三者何先。曰。去兵。子貢曰。必不得已而去。於斯二者何先。曰。去食。自

古皆有死。民無信不立。皇本民信上有使字從之去起呂反下同陸德明曰一讀而去於斯爲絶句皇本無朱之子貢二字無作不

太宰純曰。足食足兵足。謂不匱乏也。食。粟米也。兵。五兵之總名。凡車甲器械。可用以攻戰者。皆其屬也。又執兵之人。亦謂之兵。古者寓兵於農。則兵亦民也。足食者。富國也。足兵者。強兵也。使民信之矣。使者。爲政者使之也。信之者。信法令也。蘐園曰。自古皆有死者。有死於信者也。謂守死以

信之也。民無信不立者。民無信之。國家不立也。

棘子成曰。君子質而已矣。何以文爲。子貢曰。惜乎夫子說君子也。駟不及舌。文猶質也質猶文也。虎豹之鞹。猶犬羊之鞹。皇本成作城鞹末有也字

鄭玄曰。舊說云。棘子成衛大夫也。駟不及舌。過言一出。駟馬追之不及舌也。朱熹曰。疾時人文勝。故爲此言。太宰純曰。惜乎夫子之說君子也。九字一句。說君子。猶論君、

子。其意本不惡。惟出言有過。雖欲救之。不可及也。荻生茂卿曰。質者。質行也。謂孝弟忠信也。文者。謂禮樂也。孔安國曰。皮去毛曰鞟。鸞曰。棘子成疾時人過文。其意實爲文猶質也。質猶文也。無有差等。何得文勝質。故曰君子質而已矣。何以文爲。此矯時人之激論也。其實不謂必不用文。子貢知其意。故曰。若謂文猶質也。質猶文也。則虎豹之鞟。猶犬羊之鞟。言虎豹之所以爲虎豹者。以其有毛文也。君子之所以爲君子者。文而已矣。苟以鞟則虎豹猶犬羊也。苟以質則君子猶小人也。文質有差等。不可謂文猶質也。質猶文也。此言文之可貴也。孔子曰。文質彬彬。然後君子。文質固不可偏廢。而忠信君子之質也。雖有其質。無禮樂之文者。鄉人也。已矣。文之以禮樂。而後可以爲君子矣。故孔子曰。文之以禮樂。亦可以爲成人矣。可謂子貢能得孔子之旨者也。

哀公問於有若曰。年饑用不足。如之何。有若對曰。盍徹乎。曰。二吾猶不足。如之何其徹也。對曰。百姓足。君孰與不足。百姓不足。君孰與足

鄭本饑作飢

鄭玄曰。盍何不也。周法什一而稅。謂之徹。徹通也。爲天下之通法也。孔安國曰。二謂什二而稅也。孰誰也。朱熹曰。用謂國用也。魯自宣公稅畝。又逐畝什取其一。則

爲什而取二矣。故有若請俱專行徹法。
欲公節用以厚民也。
子張問崇德辨惑。子曰。主忠信。徙義崇德
也。愛之欲其生。惡之欲其死。既欲其生又
欲其死。是惑也。誠不以富。亦祇以異。惡烏路反誠詩作成
包咸曰。辨別也。既欲其生又欲其死。是惑
也。愛惡當有常。一欲生之。一欲死之。是心
惑也。鄭玄曰。誠不以富。亦祇以異。此詩

小雅也。祇。適也。言此行誠不可以致富。適足爲異耳。太宰純曰。崇德辨惑。樊遲亦有此問。胡寅疑。或古有是言。或世有是名。旣欲其生。愛惡無常之尤。是惑也。程頤曰。誠不以富。亦祇以異。此錯簡。當在第十六篇齊景公。有馬千駟之上。因此下文亦有齊景公字而誤也。鸞曰。崇德者使德積而高也。

齊景公問政於孔子。孔子對曰。君君臣臣。

父父子子。公曰。善哉。信如君不君。臣不臣。父不父。子不子。雖有粟。吾焉得而食諸。陸本吾下有焉字從之音於虔反皇本或作豈陸德明曰一本無吾字朱熹曰。齊景公名杵臼。是時景公失政。而大夫陳氏厚施於國。景公又多內嬖。而不立太子。其君臣父子之間。皆失其道。故夫子告之以之。其後果以繼嗣不定。啓陳氏弑君簒國之禍。孔安國曰。雖有粟。吾焉得而食諸。言將危也。

子曰。片言可以折獄者。其由也與。子路無宿諾。魯論折作制與音餘

邢昺曰。折猶決斷也。程頤曰。子路之言信。故片言可以折獄。朱熹曰。片言。半言也。子路忠信明決。故言出而人信服之。不待其辭之畢也。子路無宿諾。記者因夫子之言而記此以見子路之所以取信於人者。由其養之有素也。何晏曰。宿。猶豫也。子路篤信。恐臨時多故。故不豫諾也。

子曰。聽訟吾猶人也。必也使無訟乎。

包咸曰。言與人等也。王肅曰。化之在前也。

子張問政。子曰。居之無倦。行之以忠。

太宰純曰。兩之字。皆指政。居之無倦。居之者。身處其職位也。無倦者。詩傳謂不解于位之謂也。行之以忠。謂視官事如家事也。

邢疏曰或本亦作有君子博學於文

子曰。君子博學於文。約之以禮。亦可以弗畔矣夫。皇本曰下有君子二字從之朱熹曰。重出。

子曰君子成人之美。不成人之惡。小人反是

朱熹曰。成者。誘掖獎勸以成其事也。太宰純曰。美者謂德行道藝之可觀者也。

季康子問政於孔子。孔子對曰。政者正也子帥以正。孰敢不正。帥所律反皇本以作而

太宰純曰。此舉政字之本訓以答。政者。所以正人之不正也。胡寅曰。魯自中葉政曰大夫家臣效尤。據邑背叛。不正甚矣。故孔子以是告之。

季康子患盜。問於孔子。孔子對曰。苟子之不欲。雖賞之不竊。（皇本子之無之字）

邢昺曰。苟誠也。孔安國曰。言民化於上不從其所令。從其所好也。太宰純曰。凡非其有而取之者。皆盜也。當此時。魯四分公室。季氏取其二。則季氏之爲盜大矣。民之爲盜固其所也。故夫子曰。苟子不欲。雖賞之不竊。不欲。即不盜也。不言盜者。諱之也。

季康子問政於孔子曰。如殺無道以就有道。

何如。孔子對曰。子爲政。焉用殺。子欲善。而民善矣。君子之德風也。小人之德草也。草尚之風必偃。焉於虔反皇本有二也字皇本陸本上作尚皆從之

孔安國曰。亦欲令康子先自正也。偃。仆也。加草以風。無不仆者。猶民之化於上也。陸德明曰。尚。加也。太宰純曰。就。去就之就。猶從也。有道。謂有道之人也。書曰。爾惟風。下民惟草。孔子之言本於此也。

子張問。士何如斯可謂之達矣。子曰。何哉爾所

謂達者。子張對曰。在邦必聞。在家必聞。子曰。是聞也。非達也。夫達者也。質直而好義。察言而觀色。慮以下人。在邦必達。在家必達。夫聞也者。色取仁而行違。居之不疑。在邦必聞。在家必聞。夫音符。下同。好呼報反。下遐嫁反。

荻生茂卿曰。聞者。主名之聞於世而言之也。達者。主我道之行於世而言之也。質直不事矯飾也。好義不苟阿也。察言而觀色。察人之言。觀人之色也。慮者。謂用心委曲也。皆有遜志柔順意。雖不矯飾不苟阿。而亦必柔順謙卑。乃達之道也。太宰純曰。在邦必達。在家必達。無所不達。不特名譽發聞也。色取仁而行違。色者。言顏色而兼容貌也。取仁。猶云假仁也。言非己有也。行違者。其行事違仁也。居。安居也。之字指上文所云不疑者。自是也。言其行事如是。而人莫之察。則己自意不已。亦能致名譽。在邦在家。往往必聞。雖世俗所艷。而君子弗取也。鸞曰。何哉爾所謂達者。孔子慮子張誤以聞爲達。故先反詰之也。在邦在家。與仲弓問仁章同。包咸云在邦爲諸侯。在家爲卿大夫。

樊遲遊於舞雩之下。曰敢問崇德脩慝辨惑子曰。善哉問。先事後得。非崇德與。攻其惡無攻人之惡。非脩慝與。一朝之忿忘其身以及其親。非惑與。與音餘下同皇本無作毋

太宰純曰。隱慝爲慝。脩慝俾慝不作也。邪

曷曰。善哉問。其問皆脩身之要。故善之。攻治。也。朱熹曰。先事後得。猶言先難後獲也。范祖禹曰。先事後得。上義而下利也。人惟有利欲之心。故德不崇。唯不自省己過。而知人之過。故慝不脩。感物而易動者。莫如忿。忘其身以及其親。惑之甚者也。惑之者。必起於細微。能辨之於早。則不至於大惑矣。故懲忿。所以辨惑也。

樊遲問仁。子曰。愛人。問知。子曰。知人。樊遲未達。子曰。舉直錯諸枉。能使枉者直。樊遲退。
見子夏曰。鄉也吾見於夫子而問知。子曰。
舉直錯諸枉。能使枉者直。何謂也。子夏曰。
富哉言乎。舜有天下。選於衆。舉皐陶。不仁
者遠矣。湯有天下。選於衆。舉伊尹。不仁者
遠矣。問知之知音智下問知同錯七故反字亦作措鄉許亮反又作曏鄉吾見之見賢遍反。皐本言上有是字
遠于萬反
太宰純曰。皐陶謨曰。都在知人在安民安民即
愛人也。又曰。知人則哲。能官人。安民則惠黎

民懷之。孔傳。哲智也。惠愛也。是知孔子之
言有所本也。選於衆言於衆中選擇而取
之也。朱熹曰。富哉言乎。歎其所包者廣。不
言知。纔爲曰愛人知人以爲政言之也。樊遲
未達。此記者之辭也。愛人知人仁知之大
者也。至其極功。則堯舜之治天下亦不過
之也。樊遲未達於孔子之意。蓋以爲以
士之處世交人者告之。此近小者。而非仁
知之至者。故孔子復言爲政在此二者。而至

遠大。以達其意也。舉直錯諸枉。解見爲政篇。舉直者。知人也。則官人也。能使枉者直者。愛人也。則安民也。知莫大於知賢才以舉之。仁莫大於民徙善。以安之。吾見於夫子而問知孔子之所答兼仁知。樊遲亦未達以爲專爲知發之。故不言問仁。子夏知孔子兼言仁知。故歎曰。富哉言乎。舉皋陶。舉伊尹。所以知人也。不仁者遠矣。所以愛人也。不仁者遠者。人化而徙善。

不仁者退去也。

子貢問友。子曰。忠告而以善道之。不可則止。無自辱焉皇本而下有以字從之道音導皇本不可作否無作毋

朱熹曰。忠告。盡其心以告之。包咸曰。以善導之。不見從則止。必言之。或見辱也。

曾子曰。君子以文會友。以友輔仁。

孔安國曰。友以文德合也。友有相切磋之道。所以輔成己之仁也。太宰純曰。文謂詩書禮樂也。文吾所學習。學習所以會友

也。

論語私考卷第六終

論語私考卷第七

土佐　山本鸞　撰

子路第十三

子路問政。子曰。先之勞之。請益。曰無倦。先勞竝如字古本無作毋

太宰純曰。二之字。皆指政事。先。率先也。勞勤勞也。蘇軾曰。凡民之行。以身先之。則則不令而行。凡民之事。以身勞之。雖勤不怨。孔安國曰。子路嫌其少。故請益。曰毋

倦者。行此上事毋倦則可也。

仲弓爲李氏宰。問政。子曰。先有司赦小過舉賢才。曰焉知賢才而舉[之舉]爾所知爾所不知人其舍諸。焉於虔反。舍音捨

王肅曰。言爲政當先任有司。而後責其事也。朱熹曰。有司衆職也。過失誤也。賢有德者。才有能者。太宰純曰。赦小過者。有司者有小過失則赦。赦小過則人自盡。否則人皆畏罪自危。不敢展布四體也。舉賢才

者。欲有司得其人也。孔安國曰。女所不知者。
之。各舉人將自舉其所知。則賢才無遺也。鸞曰。
此章氿說為政之道。非就邑宰說之也。
先有司者。謂專委任使有司自盡也。
子路曰。衛君待子而為政。子將奚先。子曰。必也
正名乎。子路曰。有是哉。子之迂也。奚其正。子
曰。野哉由也。君子於其所不知。蓋闕知也。名
不正則言不順。言不順則事不成。事不成則禮樂
不興。禮樂不興則刑罰不中。刑罰不中。則

民無所錯手足。故君子名之必可言也。言之必可行也。君子於其言。無所苟而已矣鄭本于迂作丞中陸仲反錯七故反

朱熹曰。衛君。謂出公輒也。此時魯哀公之十年。孔子自楚反乎衛。是時出公不父其父。而禰其祖。名實紊矣。故孔子以正名爲先。野謂鄙俗。包咸曰。子將奚先。問往將何所先行也。子之迂也。迂猶遠也。言孔子之言。疏遠於事也。蓋闕如也。君子於其不知。

當闕而勿攄。今由不知正名之義。而謂之迂遠。馬融曰。正名。正百事之名也。孔安國曰。禮樂不興。則刑罰不中。禮以安上。樂以移風。二者不行。則有淫刑濫罰也。王肅曰。名之必可言也。言之必可行也。所名之事。必可得而明言。所言之事。必可得而遵行。太宰純曰。名者稱謂也。有是哉者。驚而歎也。家語云。有是哉顏氏之子。名不正。則言不順。名稱不正。則言語不順理。所以難言也。言不順。事則不成。言語不順理。則行事壅塞。所以不成也。事不成則禮樂不興國家事成。然後禮樂興。若事不成。禮樂何由興哉。禮樂者。先王禮樂也。不興者。既廢而不復興也。刑罰不中。則民無所錯手足。國多淫刑濫罰。則民動陷於罪。夫焉所錯手足乎。

樊遲請學稼。子曰。吾不如老農。請學爲圃。曰。吾不如老圃。樊遲出。子曰。小人哉樊須也。

上好禮。則民莫敢不敬。上好義。則民莫敢不服。上好信。則民莫敢不用情。夫如是。則四方之民。襁負其子而至矣。焉用稼皇本爲圃下有子字樊須下無也字二好字皆呼報反夫音符陸本襁作繈焉於虔反

荻生茂卿曰。君子博物。孔子多能。意者夫子因事言稼圃之道。必有常人所不及知者焉。故樊遲請學之也。馬融曰。樹五穀曰稼。樹菜蔬曰圃。邢昺曰。謂其不學禮義而學農圃。故曰小人。朱熹曰。小人。謂細民。

孟子所謂小人之事者也。孔安國曰。民莫敢不用情。情實也。言民化於上各以情實應也。包咸曰。四方之民。襁負其子而至矣。焉用稼。禮義與信。足以成德。何用學稼以教民乎。負者以器曰襁。陸德明曰。博物志云。織縷為之。廣八寸。長丈二。以約小兒於背。

子曰。誦詩三百。授之以政。不達。使於四方。不能專對。雖多。亦奚以為（使所吏反）

皇侃曰。背文而念曰誦。何晏曰。專。猶獨也。荻生茂卿曰。聘禮記云。辭無常。鄭注。大夫使。受命不受辭。所以有專對之義也。鸞曰。雖多亦奚以爲。以用也。言雖誦詩之多亦不濟用也。

子曰。其身正。不令而行。其身不正。雖令不從。

何晏曰。令。教令也。

子曰。魯衛之政。兄弟也。皇本無也字

包咸曰。魯。周公之封。衛。康叔之封也。周公康叔既爲兄弟。康叔睦於周公。其國之政。亦如兄弟也。鸞曰二國盛時。其政亦相似。今其衰也。其政亦相似、今二國無明君、不能復於盛時之舊。孔子蓋惜之。故有此言。與齊一變至於魯章同意。

子謂衛公子荊。善居室。始有。曰。苟合矣。少有。曰苟完矣。富有曰苟美矣。

朱熹曰。公子荊。衛大夫。合聚也。完備也。萩生茂卿曰。居者如居貨之居。室者。如左傳奪

其室之室。蓋謂家財也。凡百器財服玩車
馬奴僕合名爲室也。荆以公子。命爲大夫。其
祿爲家也。志不殉財如此。故孔子善之。爲曰。
苟。苟且也。公子荆無貪財之心。始有。則自恥
曰。此苟合之者也。少有。則自恥曰。此苟完之。
也。富有。則自恥曰。此苟美之者也。
者
子適衛。冉有僕。子曰。庶矣哉。冉有曰。既庶矣
又何加焉。曰。富之。曰。既富矣。又何加焉。曰。敎
之。

庶

孔安國曰。孔子之衛。冉有御。庶。衆也。言衛人衆多。太宰純曰。富之謂仰足以事父母俯足以畜妻子。五十者衣帛。七十者食肉。樂歲終身飽。凶年免於死亡也。教之所謂敷五教也。

子曰。苟有用我者。期月而已可。三年有成

邢昺曰。期月。周月也。謂周一年十二月也。孔安國曰。言誠有用我於政事者。期月而可以行其政教。必三年乃有成功也。荻生茂卿

曰。已。訓既。蓋先王之政。有月令焉。可見未
官周期。則施設猶有未周者也。古者居宮。
皆三年一考。可見三年而必成也。但所謂
三年者。再朞耳。再朞而成。豈不速乎。
殺子曰。善人為邦百年。亦可以勝殘去殺矣。
誠哉是言也。勝音升去起呂反
王肅曰。勝殘者。勝殘暴之人。使不為惡也。
去殺者。不用刑殺也。孔安國曰。古有此言。
孔子信之也。太宰純曰。言善人閏國而立

善政。子孫奉之。至百年之久。雖不及先王之化。亦可以勝殘暴去刑殺矣。勝。如勝重之勝。言使殘暴之人不得害政也。鸞曰。善人解見述而及先進篇。

子曰。如有王者。必世而後仁

孔安國曰。三十年曰世。如有受命王者。必三十年。仁政乃成也。太宰純曰。仁謂澤被生民也。

子曰。苟正其身矣。於從政乎何有。不能正其身。如正人何。

邢昺曰。苟誠也。

冉有退朝。子曰。何晏也。對曰。有政。子曰其事也。如有政。雖不吾以。吾其與聞之。皇本冉有作冉子朝直遥反

晏於諫反與音預

周生烈曰。退朝。謂罷朝於魯君也。邢昺曰。少儀云。朝廷曰退。晏。晚也。太宰純曰。朝有常時。是日冉有退朝。比常爲晚。馬融曰。政者。有所改更匡正事者。凡行常事也。如有政。非

常之事。我爲大夫。雖不見任用。必當與聞之。
荻生茂卿曰。大事曰政。小事曰事朱熹曰。以
用也。禮大夫雖不治事。猶得與聞國政。竊
曰。孔子之言。所以譏季氏專政也。
定公問一言而可以興邦。有諸。孔子對曰。言不
以若是其幾也人之言曰。爲君難。爲臣不
易。如知爲君之難也。不幾乎一言而興邦
乎。曰。一言而可以喪邦。有諸。孔子對曰。言不
可以若是其幾也。人之言曰。予無樂乎爲君。

唯其言而莫予違也。如其善而莫之違也。不亦善乎。如不善而莫之違也。不幾乎一言而喪邦乎。幾音機易以豉反皇本一言而喪邦作一言而可以喪邦。喪息浪反下同樂音洛皇本莫上有樂字

小爾雅曰諸之乎也。皇侃曰若是猶如此也。朱熹曰。幾期也。詩曰。如幾如式。言一言之間。未可以如此而必期其效。爲君難。爲臣不易。當時有此言。如知爲君之難也。不幾乎一言而興邦乎。此言也豈不可以必

期於興邦乎。為定公言。故不及臣。孔安國曰。予無樂乎為君。唯其言而莫予違也。言無樂於為君所樂者。唯樂其言而不見違也。范祖禹曰。不幾乎一言而喪邦乎。如不善而莫之違。則忠言不至於耳。君日驕。而臣日諂。未有不喪邦者也。

葉公問政。子曰。近者說。遠者來。葉舒涉反 說音悅

邢昺曰。當施惠於近者。使之喜說。則遠者當慕化而來也。

子夏爲莒父宰。問政。子曰。毋欲速。毋見小利。欲速則不達。見小利則大事不成父音甫陸本無作毋

鄭玄曰。舊說云。莒父。魯下邑。孔安國曰事不可以速成。而欲其速。則不達矣。見小利也妨大事。則大事不成。

葉公語孔子曰。吾黨有直躬者。其父攘羊。而子證之。孔子曰。吾黨之直者異於是。父爲子隱。子爲父隱。直在其中矣。語魚據反鄭本躬作弓爲于僞反

太宰純曰。直躬直者名躬也。猶言狂接輿也。

周生烈曰。有因而盜曰攘。朱熹曰。直在其中矣。不求爲直而直在其中。

樊遲問仁。子曰。居處恭。執事敬。與人忠。雖之夷狄。不可棄也。

包咸曰。雖之夷狄無禮義之處。猶不可棄去而不行。鸞曰。言恭敬與忠。此德行之先務。而行仁莫近焉。行此三者。則假令在夷狄。亦其道必行矣。故雖之夷狄。不可棄之也。

子貢問曰。何如斯可謂之士矣。子曰行已有恥。使於四方。不辱君命。可謂士矣。曰。敢問其次。曰。宗族稱孝焉。鄉黨稱弟焉。曰。敢問其次。曰言必信。行必信。行必果。硜硜然小人哉。抑亦可以為次矣。曰。今之從政者何如。子曰。噫。斗筲之人。何足算也。使所吏反筆海孝弟上皆有其字噫於其反

孔安國曰。有恥者。有所不為也。荻生茂卿曰。士之事莫大於使。故專言之。鄭玄曰。行必果。所欲行必敢為之。硜硜者。小人之貌也。抑亦

政

次。言可以爲次也。噫。心不平之聲也。筲。竹器。容斗二升者也。算。數也。邢昺曰。宗族。同宗族屬也。皇侃曰。抑。語助也。凡事欲強使相關。亦多云抑也。太宰純曰。從政者。士也。朱熹曰。斗。量名。容十升。纂箋曰。按子貢之問。其意在士之可以從者。孔子以士之行事答之。故以才智爲上。而德行次之。行己有恥。使於四方。不辱君命。固自守而有才智者也。宗族稱孝焉。鄉黨稱弟焉。有德行。而才或不足者也。言必信。行必果。不止才不足。所志亦小狹。匹夫匹婦之為諒者也。故曰之小人。然不為無所守矣。故或亦可以為次矣。斗筲之人。其器小量。無可觀者。故不足算也。

子曰。不得中行而與之。必也狂狷乎。狂者進取。狷者有所不為也。孟子狷作獧同

包咸曰。中行。行能得其中者。言不得中行。則欲得狂狷者。狂者進取於善道。狷者。守節

無爲。孟子盡心下篇曰。何以謂之狂也。曰。其志嘐嘐然曰。古之人。古之人。夷考其行。而不掩焉者也。狂者又不可得。欲得不屑不潔之士而與之。是獧也。是又其次也。

子曰。南人有言曰。人而無恒。不可以作巫毉。善夫。夫音符

孔安國曰。南人。南國之人也。鄭玄曰。言巫毉不能治無恒之人也。包咸曰。善夫。善南人之言也。太宰純曰。禮記緇衣篇。子曰。南人

有言曰。人而無恒。不可以爲卜筮。古之遺言與。龜筮猶不能知也。而況於人乎。此章之旨。得禮記而後明矣。鸞曰。恐巫當作筮傳寫之誤也。作筮毉者。謂筮吉凶。及毉疾也。書曰。官占。惟先蔽志。昆命于元龜。無恒之人。志不定。故雖卜筮。神不能爲告吉凶也。疾而不能守其治。故雖有毉。不能爲藥其疾也。言之以明無恒者不能作事 雖聖人不能誨之也不恒其德。或承之羞。子曰。不占而已矣。
卦孔安國曰。此易恒卦之辭也。言德無常。則羞辱承之也。程頤曰。或承之。謂有時而至。朱熹曰。承。進也。鄭玄曰。不占而已矣。易所以占吉凶也。無恒之人。易所不占。荻生茂卿曰。
當此孔子說易。當別作一章。太宰純曰。因上章無恒之語。遂記之耳。上舉易辭。而下記夫子之言。乃夫子說易云爾。蠡鷟曰。不占而已矣。與上章同志。不占。猶言不可占也。無恒之人。神不告吉凶。故不可占也。

子曰。君子和而不同。小人同而不和。

太宰純曰。和。如和羹之和。同者。以水濟水之謂。晏子辯之詳。見左氏傳昭公二十年。

子貢問曰。鄉人皆好之。何如。子曰。未可也。鄉人皆惡之。何如。子曰。未可也。不如鄉人之善者好之。其不善者惡之也。好呼報反惡烏路反皇本章末有也字從之

朱熹曰。善者好之而惡者不惡。則必其有苟合之行。惡者惡之而善者不好。則必其

無可好之實。

子曰。君子易事而難說也。說之不以道。不說也。及其使人也。器之。小人難事而易說也。說之雖不以道說也。及其使人也。求備焉。易以鼓反豉 說音說

孔安國曰。易事。不責備於一人。故易事也。器之。度才而任官。

子曰。君子泰而不驕。小人驕而不泰。

太宰純曰。泰者。尊大之稱。驕。高人也。

子曰。剛毅木訥近仁。

王肅曰。毅。果敢也。木。質樸也。太宰純曰。剛不橈也。木不文也。訥。鈍訥於言之訥。謂不佞也。四者之性。皆近仁也。鸞曰。四者。性之美者也。以禮樂文之。則皆仁也。故曰近仁。此與巧言令色正相表裏。雖然無禮樂之教。則亦鄉人也已矣。

子路問曰。何如斯可謂之士矣。子曰。切切偲偲。怡怡如也。可謂士矣。朋友切切偲偲。兄弟怡怡

皇本章末有如也二字

馬融曰。切切偲偲。相切責之貌。怡怡。和順之貌。胡寅曰。切切。懇到也。偲偲。詳勉也。怡怡。和悅也。朱熹曰。皆子路所不足。故告之。

子曰。善人教民七年。亦可以卽戎矣。

包咸曰。卽就也。戎兵也。言可以戰也。荻生茂卿曰。教民者。教之戰也。訓練之謂也。下章放之。

子曰。以不教民戰。是謂棄之。

馬融曰。言用不習之民。使之攻戰。必破敗。是謂棄之也。

憲問第十四

憲問恥。子曰。邦有道穀。邦無道穀恥也。

孔安國曰。穀。祿也。邦有道。當食其祿也。君無道而在其朝。食其祿。是恥辱也。鸞曰。胡寅曰。此篇疑原憲所記。荻生茂卿。太宰純。皆云。此章原憲自記其所聞。故不言姓而直稱名也。蓋論語前十篇皆琴張所記後十篇皆原思所記也。鸞按不必然也。但此一章原憲所記與。又録者不必正例。而偶直稱名與前篇牢曰亦同。今不可考之。

克伐怨欲不行焉。可以爲仁矣。子曰。可以爲難矣。仁則吾不知也。

馬融曰。克。好勝人也。伐。自伐其劫功也。怨。忌小怨也。欲。貪貧欲也。鸞爲曰。章首疑脫問者之名。克伐怨欲不行焉者。出於克伐怨欲之心者。身不行之也。問者自斷以爲。如有若此人。則可以爲仁者矣。吾不知也者。不許之辭也。蓋克伐怨欲不行焉。此有德行者。而仁之一德也。亦可以爲仁矣。問者以爲成德之仁者。故孔子不許之。凡孔子所不許者。其仁皆以道德大成之仁者言之。

子曰。士而懷居。不足以爲士矣。

何晏曰。士當志道不求安而懷其居。非士也。

荻生茂卿曰。懷居者。戀其所居也。言男子當有四方之志也。

子曰。邦有道。危言危行。邦無道。危行言孫。孫音遜包咸曰。危。厲也。邦有道可以厲言行也。何晏曰。孫。順也。厲行不隨俗。順言以遠害也。朱熹曰。危。高峻也。

子曰。有德者必有言。有言者不必有德。仁者必有勇。勇者不必有仁。

鸞曰。德必出言。仁必兼勇。

南宮适問於孔子曰。羿善射。奡盪舟。俱不得其死然。禹稷躬稼。而有天下。夫子不答。南宮适出。子曰。君子哉若人。尚德哉若人。

朱熹曰。南宫适即南容也。孔安國曰。羿有窮之君也。篡夏后相之位。其臣寒浞殺之。因其室而生奡。奡多力。能陸地行舟。爲夏后少康所殺也。此二子者。皆不得以壽終也。馬融曰。禹盡力於溝洫。稷播殖百穀。故曰躬稼也。禹及其身。稷及後世。皆王也。邢昺曰。盪推也。然猶焉也。稷后稷也。名棄。周之始祖。荻生茂卿曰。德者有德之人也。鸞曰。按夫子不答者。蓋南宫适非請問之時而問之。或就時有難荅者。而其言則君子之言也。故孔子與之。待出而後歎美之者。使門人傳之。無以不荅疑於其言也。

子曰。君子而不仁者有矣夫。未有小人而仁者也。夫音符

孔安國曰。雖曰君子。猶未能備。太宰純曰。孔子之意。重在下句。上句特爲下句而發耳。纔曰。君子如有一失。則其一失。即是不仁也。小人決無一得之仁也。

子曰。愛之。能勿勞乎。忠焉。能勿誨乎。勞力報反

孔安國曰。言人有所愛。必欲勞來之。有所忠。必欲教誨之。鸞曰。能愛人者。必勞來之。能與人忠者。必教誨之。不勞。不誨者。是無愛忠之實者也。能勿勞乎。猶言不能不勞也。能勿誨乎。猶言不能不誨也。

子曰。爲命。裨諶草創之。世叔討論之。行人子羽脩飾之。東里子產潤色之。

太宰純曰。命。辭命也。孔安國曰。裨諶。鄭大夫

谷也。謀於野則獲。謀於國則否鄭國將有諸侯之事。則使乘車以適野。而謀作盟會之辭。朱熹曰。草。略也。創。造也。謂造爲草藳也。馬融曰。世叔。鄭大夫游吉也。討。治也。裨諶既造謀。世叔復治而論之。詳而審之也。行人。掌使之官也。子羽。公孫揮也。子產居東里。因以爲號也。更此四賢而成。故鮮有敗事也。邢昺曰。脩飾。潤色。皆謂增脩使華美也。荻生茂卿曰。討與討罪之討同義。討論者。指摘其非也。

或問子產。子曰。惠人也。問子西。曰。佊哉佊哉。問管仲。曰。人也。奪伯氏駢邑三百。飯疏食沒齒無怨言。佩觿集彼作佊從之。陸本疏作蔬

孔安國曰。惠愛也。子產古之遺愛也。伯氏齊大夫。駢邑地名也。齒年也。伯氏食邑三百家。管仲奪之。使至疏食而沒齒無怨言。以其當理故也。馬融曰。子西。鄭大夫。或曰楚令尹子西也。朱熹曰。子西楚公子申。萩生茂卿曰。按郭忠恕佩觿集曰。埤蒼云。佊邪也。鸞曰。宅鎬

疑問管仲曰下。晄仁字。管仲爲政有大功。大功亦可以稱仁矣。故曰。如其仁。如其仁。非謂管仲爲成德之仁者也。此章亦恐以仁者答之歟。爲政而人服之無怨者。此事功之盛。所以爲仁也。故舉伯氏之事以證之。

子曰貧而無怨難富而無驕易。易以鼓反豉

鸞曰。安於貧爲難。故發之使人勉之。

子曰。孟公綽爲趙魏老則優。不可以爲滕薛大夫也。皇本章末有也字從之

孔安國曰。公綽。魯大夫也。趙魏。皆晉卿也。家
性
臣稱老。公綽惟寡欲。趙魏貪賢。家老無職。
貪
故優。滕薛小國。大夫職煩。故不可爲也。朱熹
曰。優。有餘也。公綽蓋廉靜寡欲。而短於才
者也。

子路問成人。子曰。若臧武仲之知。公綽之不欲。卞
莊子之勇。冉求之藝。文之以禮樂。亦可以爲成
人矣。曰。今之成人者何必然。見利思義。見危
授命。久要不忘平生之言。亦可以爲成人矣。

馬融曰。臧武仲。魯大夫臧孫紇也。公綽。孟公綽也見利思義。義然後取。不苟得也。鄭玄曰。卞莊子。秦大夫。周生烈曰。卞邑大夫。孔安國曰。文之以禮樂。加之以禮樂文成也。久要舊約也。太宰純曰。言使四子者學禮樂。則皆可以爲成人也。文。謂脩飾也。朱熹曰。復加曰字者。旣答而復言也。平生平日也。荻生茂卿曰。授命。謂致君命也。鸞曰。人各有所長。而其所長能成器。復以禮樂文之者。曰之成人。非言大成之仁者也。四子皆能成器。未達禮樂。如達禮樂。則四子皆可以爲成人矣。今之成人。雖未學禮樂其器如此。則亦有成就者。而成人之次也。故亦可以爲成人矣。

子問公叔文子於公明賈曰。信乎夫子不言不笑不取乎。公明賈對曰。以告者過也夫子時然後言。人不厭其言也。樂然後笑人不厭其笑也。義然後取。人不厭其取也。子曰。其然。豈其然乎。皇本其言其笑其取下皆有也字從之樂音洛其然論衡作豈其然乎孔安國曰。公叔文子。衛大夫公孫拔也。文謚也。朱熹曰。公明。姓。賈。名。亦衛人也。厭者。苦其多而惡之之辭。邢昺曰。過。誤也。荻生茂卿曰。學記。當其可之謂時。馬融曰。其然。豈然乎。美其得道。嫌其不能悉然也。太宰純曰。其然。賈之言。豈其然乎。者。猶未信其然也。

子曰。臧武仲以防求爲後於魯。雖曰不要君。吾不信也。

孔安國曰。防。武仲故邑也。爲後。立後也。魯襄公二十三年。武仲爲孟氏所譖。出奔邾。自邾如防。使爲以大蔡納。請曰。紇非能害也。知不足也。非敢私請。苟守先祀。無廢二勳。敢不辟邑。乃立臧爲。紇致防而奔齊。此所謂要君也。太宰純曰。孝經云。要君者無上。孔傳曰。要。謂約勒也。按要猶劫也。

子曰。晉文公譎而不正。齊桓公正而不譎。

朱熹曰。晉文公名重耳。齊桓公名小白。譎。詭也。荻生茂卿曰。大氐奇變百出。謂之譎。堂堂正正。謂之正。孔子所以云爾者。固褒桓而貶文矣。亦諸軍旅之道也。

子路曰。桓公殺公子糾。召忽死之。管仲不死曰。未仁乎。子曰。桓公九合諸侯。不以兵車。管仲之力也。如其仁。如其仁。

孔安國曰。齊襄公立無常。鮑叔牙曰。君使民慢。亂將作矣。奉公子小白。出奔莒。襄公

從弟公孫無知殺襄公。管夷吾召忽奉公
子糾。出奔魯。齊人殺無知。魯伐齊納子
糾。小白自莒先入。是爲桓公。乃殺子糾。召
忽死之。如其仁者。誰如管仲之仁矣。朱熹
曰。管仲請囚。鮑叔牙言於桓公以爲相。九。
春秋傳作糾。督也。古字通用。太宰純曰。按
左傳曰。召穆公思周德之不類。故糾合宗
族于成周。而作詩。杜注。糾。收也。穀梁傳
云。衣裳之會十有一。由是觀之。九字似當
周

作糾。陸德明釋文。引之記。兵車之會三。乘車之會六。以證九字。後之文人。多有以九合諸侯與一匡天下對言者。則此九字似不讀爲糾。今不敢定其是非。二說並存爲是。竊曰。孔子嘗稱管仲之功以爲仁。子路疑不死之或害於仁。故問曰。未仁乎。後章子貢所問亦同。孔子專稱其功。則不與不死相關。可從而知矣。孔子曰。管仲之器小哉。焉得儉。管氏而知禮。孰不知禮。由此觀之。有所不取於管仲者也。至不能死又相之。則是失義也。卽是不仁也。孔子豈與之乎。管仲有仁有不仁。二子所疑。不亦宜乎。孔子取於此。不取於彼。則失義之不仁。不害立功之仁。立功之仁。不掩失義之不仁。亦可從而知矣。

子貢曰。管仲非仁者與。桓公殺公子糾。不能死。又相之。子曰。管仲相桓公。霸諸侯。一匡天下。民到于今受其賜。微管仲。吾其被髮左衽矣。豈若匹夫匹婦之爲諒也。自經於溝瀆而人

又莫之知也。與音餘相息亮反被皮寄反衽而審反後漢書應劭傳而下有人字從之

朱熹曰。霸與伯同。長也。馬融曰。匡。正也。天子微弱。桓公帥諸侯以尊王室。一匡天下也。微無也。無管仲。則君不君。臣不臣。皆為夷狄也。何晏曰。受其賜者。謂不被髮左衽之惠也。邢昺曰。衽。謂衣衿。衣衿向左。謂之左衽。夷狄之人。被髮左衽。諒信也。王肅曰。經。經死於溝瀆之中也。太宰純曰。溝瀆者。無人處也。鸞曰。管仲非不知死於義者。而其志在立功。不欲死

豈若匹夫死而無聞者乎上言其功此言其志

難。蓋其心曰。死而無聞。是匹夫之信耳。故不死而請囚。孔子知之。故曰。豈若匹夫匹婦之爲諒也。自經於溝瀆。而人莫之知也。言孔子觀管仲所志。以明當死而不死。是管仲之本志也。非與其不死之辭。王肅曰。君臣之義未正成。故死之未足深嘉。不死未足多非。此言誤大義也。公子糾是齊君之子。管仲是齊之臣。一旦奉之以出。豈可謂君臣之義未正成乎。假令君臣之義未正成。既奉

之以出。則其義在同死生。宋儒以爲。桓公兄
也。子糾弟也。因論其義。亦大誤之。若所奉
弟。而與兄爭國。則當諫之。諫而不聽。辭
去而可也。不論兄與弟。及其所殺。豈宜
獨生乎。要之。管仲奉公子糾以出。欲復
入齊而已。爲相耳。其志實在奉己。故不
能死。又相之。固其處也。豈非不仁乎。況子
糾兄而小白弟。無疑矣。諸儒誤讀論語。
失大義。不可不辯之。前章及此章。全稱

管仲之功也已矣。孔子若論君臣之義。則
必以失節斷之也已矣。
公叔文子之臣大夫僎。與文子同升諸公。子聞
之曰。可以爲文矣。
孔安國曰。大夫僎。本文子家臣也。薦之使
與己並爲大夫。同升在公朝也。可以爲文矣。
言行如是。可謚爲文也。邢昺曰。以謚法錫民
爵位曰文故也。
子言衛靈公之無道也。康子曰。夫如是。奚而

而不喪。孔子曰。仲叔圉治賓客。祝鮀治宗廟。王孫賈治軍旅。夫如是奚其喪。皇本陸本子言作子曰皇本道下有久字夫音符喪息浪反邢昺曰。奚何也。朱熹曰。喪失位也。仲叔圉。即孔文子也。孔安國曰。夫如是。奚其喪。言君雖無道。所任者各當其才。何爲當亡乎。

子曰。其言之不怍。則爲之也難皇本則下有其字也難作難也馬融曰。怍慙也。朱熹曰。大言不慙。則無必爲之志。而不自度其能否矣。欲踐其言。

豈不難哉

陳成子弒簡公。孔子沐浴而朝。告於哀公曰。陳恒弒其君。請討之。公曰告夫三子。孔子曰。以吾從大夫之後。不敢不告也。君曰。告夫三子者。之三子告。不可。孔子曰。以吾從大夫之後。不敢不告也。朝直遥反夫三子之夫音符皇本三子作二三子章末無也字

朱熹曰。成子。齊大夫。名恒。簡公。齊君。名壬。事在春秋哀公十四年。是時孔子致仕居魯。公曰。告夫三子。時政在三家。哀公不得自

專。故使孔子告之。孔子曰。以吾從大夫之後。不敢不告也。君曰。告夫三子者。孔子出而自言如此。意謂弑君之賊。法所必討。大夫謀國。義所當告。君乃不能自命三子。而使我告之耶。之三子告。不可。以君命往告。而三子魯之強臣。素有無君之心。實與陳氏聲勢相倚。故沮其謀。而夫子復以此應之。其所以警之者深矣。馬融曰。將告君。故先齊。齊必沐浴也。孔安國曰。

三子。謂三卿也。
子路問事君。子曰。勿欺也。而犯之。
孔安國曰。事君之道。義不可欺。當能犯顔色諫爭也。
子曰。君子上達。小人下達。
鸞曰。君子志義。故所通達至於高上。小人志利。故所通達至於卑下。
子曰。古之學者爲己。今之學者爲人。爲于僞反
孔安國曰。爲己。履而行之也。爲人。徒能言

之也。

蘧伯玉使人於孔子。孔子與之坐而問焉曰。夫子何爲。對曰。夫子欲寡其過而未能也。使者出。子曰。使乎使乎。使所吏反

孔安國曰。伯玉。衛大夫蘧瑗也。朱熹曰。與之坐。敬其主。以及其使也。太宰純曰。命之坐也。邢昺曰。夫子。指伯玉也。陳君舉曰。再言使乎者。善之也。言使得其人也。

子曰。不在其位。不謀其政。

朱熹曰。重出。

曾子曰。君子思不出其位。

孔安國曰。不越其職也。朱熹曰。此艮卦之象辭也。曾子蓋嘗稱之。記者因上章之語而類記之也。

子曰。君子恥其言之過其行。皇本而作之從之

子曰。君子道者三。我無能焉。仁者不憂。知者不惑。勇者不懼。子貢曰。夫子自道也。知音智

朱熹曰。我無能焉。自責以勉人也。韓愈曰。

夫子自道也。子貢慮門人不曉仲尼言我無能焉。故云自道。以明有能也。鸞曰。仁者不憂。知者不惑。勇者不懼。解見子罕篇。夫子自道也。自由也。道。即上文道也。言雖曰我無能焉。夫子能由此道而行之。

子貢方人。子曰。賜也賢乎我夫。我則不暇。鄭本方作謗。皇本哉作我。從之。夫音符。屬上句。

孔安國曰。方人者。比方人也。我則不暇者。不暇。比方人也。大宰純曰。孔子言。賜也賢於我乎。何其好短長人也。我則不暇及之耳。蓋君子急於自治。而人之短長。初不關己事。何用心之有。孔子言此。所以誨子貢也。

子曰。不患人之不己知。患己無能也。皇本其不作己無從之

太宰純曰。能。材能也。

子曰。不逆詐。不億不信。抑亦先覺者是賢乎。

朱熹曰。逆。未至而迎之也。億。未見而意之也。詐。謂人欺己。不信。謂人疑己。抑。反語辭。言雖不逆不億。而於人之情僞。自然先覺。乃

爲賢也。

微生畝謂孔子曰。丘何爲。是栖栖者與。無乃爲佞乎。孔子對曰。非敢爲佞也。疾固也。微生漢書古今人表作尾生鄭本何下無爲字陸本無爲是二字與音餘皇本孔子下有對字從之

包咸曰。微生。姓。畝。名也。邢昺曰。栖栖猶皇皇也。無乃乃也。朱熹曰。畝名呼夫子而辭甚倨。蓋有齒德而隱者也。爲佞言其務爲口給以悅人也。疾惡也。固執一而不通也。鸞曰。畝蓋一於隱者也。故以孔子之居世爲爲佞。疾固

也者。暗警畝之固陋也。

子曰。驥不稱其力。稱其德也。

陸德明曰。驥。古之善馬也。鄭玄曰。德者。調良謂也。邢昺曰。馬尚如是。人亦宜然。

或曰。以德報怨何如。子曰。何以報德。以直報怨。以德報德。

何晏曰。德恩惠之德也。朱熹曰。或人所稱。今見老子書。何以報德。言於其所怨。既以德報之矣。則人之有德於我者。又將何以報之乎。太宰純曰。直。謂不枉己也。

子曰莫我知也夫。子貢曰。何爲其莫知子也。子曰。不怨天。不尤人。下學而上達。知我者其天乎。夫音符

朱熹曰。夫子自嘆。以發子貢之問也。太宰

聞

純曰。何爲其莫知子也。子貢閔夫子之言。以爲夫子固當見知於世。而今未然。以至自

也

出此言者。果何故也。怪而問之。下學猶下問也。戰國策云。不愧下學。義亦同耳。上

達。言其所知上達於先聖之道也。馬融曰。孔
子不用於世。而不怨天。人不知己。亦不尤人也。
鄭玄曰。尤非也。鸞曰。不怨天。不尤人。下學而
上~~下~~達。是孔子自言也。言我能如此。是即天之
所命也。然則知我者其天乎。是孔子知命
之言也。
公伯寮愬子路於季孫。子服景伯以告曰。夫
子固有惑志。於公伯寮也。吾力猶能肆諸市
朝。子曰。道之將行也與。道之將廢也與。命

也。公伯寮其如命何。（史記寮作僚。皇本於公伯寮下有也字。從之。朝直遥反。與音餘。）馬融曰。公伯寮魯人。愬譖也。邢昺曰。史記云。公伯寮字子周。夫子謂季孫。言市朝者。應劭曰。大夫已上於朝。士已下於市。孔安國曰。子服景伯。魯大夫子服何也。告。告孔子也。太宰純曰。夫子固有惑志。[illegible]（志）志。景伯言。季孫故常有惑。非始於今日也。蓋季孫善惑。故景伯恐其聽寮之譖言也。舊讀至志字絶句。是也。鄭玄曰。吾力猶能肆諸市朝。吾勢力猶能辨子路之無罪於季孫。使之誅寮而肆之。有罪既刑。陳其尸曰肆。

子曰。賢者辟世。其次辟地。其次辟色。其次辟言。（辟音避）

朱熹曰。辟世。天下無道而隱。若伯夷太公是也。辟言。有違言而後去也。馬融曰。辟地。去亂國。適治邦也。太宰純曰。辟色。見其顔色不接則去也。程頤曰。四者雖以大小次第言之。然非過有優劣也。所過不同爾。

子曰。作者七人矣。

荻生茂卿曰。作者之謂聖。七人者。堯舜禹湯文武周公也。堯舜之前。雖有聖人。孔子不取焉。所以不取者。以其所作止利用厚生之事也。体孔子刪書斷自唐虞之意。曰七人矣。而不舉其名者。人皆知之也。張橫渠有是說。七人謂伏羲神農黃帝堯舜禹湯也。

子路宿於石門。晨門曰。奚自。子路曰。自孔氏。曰是

知其不可而爲之者與。皇本石門下更衍石門二字與音餘
皇侃曰。石門者魯城門也朱熹曰。石門地名。
晨門。掌晨啓門。蓋賢人隱於抱關者也。何
晏曰。晨門者。閽人也。邢昺曰。奚何也自從也。
包咸曰。言孔子知世不可爲。而强爲也。
子、擊磬於衛。有荷蕢而過孔氏之門者。曰。有
心哉擊磬乎。旣而曰。鄙哉硜硜乎。莫已知也。
斯已而已矣。深則厲。淺則揭。子曰果哉末之
難矣皇本氏作子上已音紀下二已音以

朱熹曰。磬樂器。硜硜。石聲。亦專確之意。深
若
則厲。淺則揭。此兩句邶風匏有苦葉之詩
也。譏孔子人不知已而不止。不能適淺深
之宜。果哉。末之難矣。果哉。歎其果於忘
世也。言人之出處。若但如此。則亦無所難
矣。邢昺曰。荷擔揭也。何晏曰。蕢。草器也。
末無也。太宰純曰。鄙哉。硜硜乎者。鄙磬聲
之硜硜也。言此以喻孔子不能通變也。毛
萇曰。以衣涉水為厲。謂由帶以上也。揭褰

衣也。包咸曰。深則厲。淺則揭。言隨世以行己。若過水必濟。知其不可則當不爲也。鸞曰。有心哉者。歎非常人之辭也。欲譏孔子而先賢之也。案當合前章爲一章。凡論語所載。外人譏孔子。皆於後有斷語。不然。則徒載譏孔子之言。非編集之意也。蓋前章此章。雖非一時之事。子路以晨門之言告孔子。以其所譏與荷蕢者意相似。故他日孔子合斷二人曰。果哉末之難矣。

子張曰。書云高宗諒陰。三年不言。何謂也。子曰何必高宗。古之人皆然。君薨。百官總己以聽於冢宰三年。

孔安國曰。高宗。殷之中興王。武丁也。諒信也。陰猶默也。冢宰。天官卿。佐王治者也。三年喪畢。然後自聽政也。朱熹曰。諒陰。天子居喪之名。未詳其義。言君薨。諸侯亦然。總己。謂總攝己職也。馬融曰。已已百官也。邢昺曰。諸侯死曰薨。

子曰。上好禮則民易使也。好，呼報反。易，以豉反。

何晏曰。民莫敢不敬。故易使。

子路問君子。子曰。脩己以敬。曰。如斯而已乎。曰。脩己以安人。曰。如斯而已乎。曰。脩己以安百姓。脩己以安百姓。堯舜其猶病諸。

孔安國曰。脩己以敬。敬其身也。病。猶難也。

朱熹曰。人者。對己而言。百姓則盡乎人矣。

大宰純曰。此章分三節。一節難於一節。脩己以敬者。此言未接人時。脩己以安人者。此言己接人時。脩己以安百姓者。此言滋天下時。鸞曰。脩己以敬者。非敬以脩己。脩己而敬身也。脩者。謂學禮樂以脩飾之也。

原壤夷俟。子曰。幼而不孫弟。長而無述焉。老而不死。是爲賊。以杖叩其脛。孫音遜弟大計反長竹丈反

馬融曰。原壤魯人。孔子故舊也。夷踞俟待也。踞待孔子。刑昺曰。原壤聞孔子來。乃申兩足。箕踞以待孔子也。朱熹曰。述。猶稱也。賊者。害人之名。脛。足骨也。孔子旣責之。

而因以所曳之杖。微擊其脛。若使勿蹲踞然。荻生茂卿曰。蓋孔子爲其人親治其母之椁。則知其在鄉黨。爲故相親狎之人也。孔子以杖叩其脛。亦以戲行之。

闕黨童子將命。或問之曰。益者與。子曰。吾見其居於位也。見其與先生並行也。非求益者也。欲速成也。皇本命下有矣字。者與之與音餘。

馬融曰。闕黨之童子將命者。傳賓主之語出入也。邢昺曰。闕黨。黨名。童子。未冠者之稱。荻生茂卿曰。禮。問士之子。長曰能典謁矣。幼曰未能典謁也。然則將命。固童子之事也。太宰純曰。孔子如闕黨。闕黨人家。使童子典謁也。何晏曰。童子隅坐無位。成人乃有位也。包咸曰。先生成人也。並行。不差在後也。違禮欲速成人者也。則非求益者也。鸞曰。蓋此童子將命異於他童子。故或問之也。益者。求益者也。

論語私考卷第七 終

論語私考卷第八

土佐　山本鸞　撰

衛靈公第十五

衛靈公問陳於孔子。孔子對曰。俎豆之事。則嘗聞之矣。軍旅之事。未之學也。明日遂行。在陳絶糧。從者病。莫能興。子路慍見曰。君子亦有窮乎。子曰。君子固窮。小人窮斯濫矣。問陳之陳直刃反鄭本糧作粻從才用反見賢遍反皇本無有字

孔安國曰。陳軍陳行列之法也。俎豆禮器也。

孔子去衛如曹。曹不容。又之宋。遭匡人之難。又之陳。會吳伐陳。陳亂。故乏食也。從者弟子。興起也。太宰純曰。陳設俎豆。禮之末節也。不言學禮。而曰俎豆之事。則嘗聞之者。謙辭也。鄭玄曰。萬二千五百人爲軍。五百人爲旅。何晏曰。君子固窮。君子固亦有窮時。但不如小人窮則濫溢爲非也。鸞曰。軍旅。國之大事。孔子豈未之學哉。孔子在衛。見靈公之無道。知不足有與爲。故答以未學而去也。

子曰。賜也。女以予爲多學而識之者與。對曰。然。非與。曰。非也。予一以貫之。女音汝 識音志 與音餘

孔安國曰。然者。謂多學而識之也。非與者。問今不然邪。注疏本作謂 鸞曰。與告曾子同。非有知行之異。曾子應之曰唯。而子貢則不應。亦無異義。說見第四篇。

子曰。由。知德者鮮矣。鮮仙善反

朱熹曰。由。呼子路之名而告之也。荻生茂

鄭曰。德謂有德之人也。邢昺曰。鮮少也。鷟曰。言知孔子而用之者鮮矣。

子曰。無爲而治者。其舜也與。夫何爲哉。恭己正南面而已矣。治直吏反與音餘夫音符

註疏本故無爲下有而治二字

何晏曰。言任官得其人。故無爲也。

子張問行。子曰。言忠信。行篤敬。雖蠻貊之邦行矣。言不忠信。行不篤敬。雖州里行乎哉。立則見其參於前也。在輿則見其倚於衡也。夫然後行。子張書諸紳。行篤行不之行下孟反參

七南反皇本參下
然字夫音符。有
太宰純曰。問行。謂其所居而道行焉。荻生茂卿曰。篤與敬別。非篤其敬也。朱熹曰。篤厚也。蠻南蠻。貊北狄。參如毋往參焉之參。言與我相參也。鄭玄曰。二千五百家爲州。五家爲鄰。五鄰爲里。行乎哉。言不可行也。包咸曰。衡。軛也。言思念忠信立則常想見參然在目前。在輿則若倚衡軛也。孔安國曰。紳大帶也。

子曰。直哉史魚。邦有道如矢。邦無道如矢。君子哉蘧伯玉。邦有道則仕。邦無道。則可卷而懷之。卷眷勉反

朱熹曰。史官名。衛大夫名鰌。史魚自以不能進賢退不肖。既死猶以尸諫。故夫子稱無道其直。事見家語。孔安國曰。有道行、直如矢。言不曲也。包咸曰。卷而懷。謂不與時政。柔順不忤於人也。太宰純曰。之字指伯玉之身。自傍人觀之。見其身若可卷而

懷之者然也。卷而懷之者。蓋以小席喻之。

子曰。可與言而不與之言。失人。不可與言而與之言。失言。知者不失人。亦不失言（知音智）

太宰純曰。三失字義異。失人之失。遺失之失也。失言之失。過失之失也。

子曰。志士仁人。無求生以害仁。有殺身以成仁。

朱熹曰。志士。有志之士。仁人。則成德之人也。

孔安國曰。無求生以害仁。死而後成仁。則志士仁人不愛其身也。

子貢問爲仁。子曰。工欲善其事。必先利其器居是邦也。事其大夫之賢者。友其士之仁者皇本章末有也字

孔安國曰。言工以利器爲用。人以賢友爲助也。邢昺曰。大夫言賢。士言仁。互文也。

顏淵問爲邦。子曰。行夏之時。乘殷之輅。服周之冕。樂則韶舞。放鄭聲。遠佞人。鄭聲淫。佞人殆。後漢書輿服志時作正輅亦作路遠于萬反

邢昺曰。爲猶治也。朱熹曰。夏時。謂以斗柄初昏建寅之月爲歲首也。孔子嘗曰。吾得夏時焉。而說者以爲夏小正之屬。蓋取其時之正。與其令之善。商輅。木輅也。輅者大車之名。古者以木爲車而已。至商而有輅之名。蓋始異其制也。周人飾以金玉。則過後而易敗。不若商輅之朴素渾堅。而等威已辨。爲質而得其中也。周冕有五祭服之冠也。冠上有覆。前後有旒。黃帝以來蓋已有之。而制度儀等。至周始備。然其爲物小而加於衆體之上。故雖華而不爲靡。雖貴而不及奢。夫子取之。蓋亦以爲文而得其中也。鄭聲鄭國之音。殆危也。何晏曰。韶舜樂也。盡善盡美。故取之。太宰純曰。放猶屏也。佞者。謂口才也。鸞曰。按孔子之時。周室大衰。文武之道殆墜地。當時之諸侯。莫能用孔子。則相之以翼

天輔夫子。改正朔以新人之耳目。興禮樂

以行王政於天下歟。如此則周室可中興矣。此孔子之志也。故顏淵問治邦而孔子以治天下答之。

子曰。人無遠慮。必有近憂。皇本人下有而字。

太宰純曰。慮。思慮也。憂。憂思也。

子曰。已矣乎。吾未見好德如好色者也。皇本無乎

朱熹曰。已矣乎。歎其終不得而見之也。寫字好呼報反

曰。吾未以下已見子罕篇。

子曰。臧文仲其竊位者與。知柳下惠之賢而不與立也。者與之與音餘

孔安國曰。知賢而不舉。是爲竊位。邢昺曰。竊盜也。朱熹曰。柳下惠。魯大夫展獲。字禽。食邑柳下。謚曰惠。與立。謂與之並立於朝。

子曰。躬自厚。而薄責於人。則遠怨矣。遠于萬反

孔安國曰。責己厚。責人薄。所以遠怨咎也。

子曰。不曰如之何如之何者。吾末如之何也已

矣。

邢昺曰。末無也。荻生茂卿曰。如之何。問辭。重言之者。言每事問。或屢問也。彼不肯來問。我何徃告乎哉。

子曰。羣居終日。言不及義。好行小惠。難矣哉。好呼報反。魯論皇本慧作惠從之

鄭玄曰。難矣哉。言終無成。

子曰。君子義以爲質。禮以行之。孫以出之。信以成之。君子哉孫音遜

皇侃曰。質本也。欒肇曰。言文人行事。以先王
之義爲本。以先王之禮行其事。以遜讓
出其言。以忠信成其事。如此是君子德
行也。故曰君子哉。

子曰。君子病無能焉。不病人之不己知
也。

邢昺曰。病猶患也。太宰純曰。能才能也。

子曰。君子疾沒世而名不稱焉。

何晏曰。疾猶病也。太宰純曰。沒世謂死也。

名不稱焉者。其名不見稱於世也。

子曰。君子求諸己。小人求諸人。

邢昺曰。求責也。何晏曰。君子責己。小人責人。

子曰。君子矜而不爭。羣而不黨。

朱熹曰。莊以持己曰矜。然無乖戾之心。故不爭。和以處衆曰羣。然無阿比之意。故不黨。

子曰。君子不以言舉人。不以人廢言。

包咸曰。有言者不必有德。故不可以言舉

人。王肅曰。不可以無德而廢善言。

子貢問曰。有一言而可以終身行之者乎。子曰。其恕乎。己所不欲。勿施於人。皇本無之字

荻生茂卿曰。己所不欲勿施於人。此自夫子他日之言。傳者取以解恕字。而其文後誤入正文也。

子曰。吾之於人也。誰毀誰譽。如有所譽者。其有所試矣。斯民也。三代之所以直道而行也。譽音餘皇本所作可

包咸曰。所譽者。輒試以事。不虛譽而已。馬融曰。三代。夏殷周也。鸞曰。孔子不欲毀譽人。若有可譽者。尚不敢苟譽之。況敢毀人乎。何也。則三王不易民而治。今之民卽三代之盛時。所以直其道而行事之民也。後世禮樂之教廢。民之多邪。此上之所以使之。而非民之罪。故孔子不欲毀之。此章主不毀以言之。

子曰。吾猶及史之闕文也。有馬者借人乘

之。今亡矣夫。皇本今下有則字。夫音符

胡寅曰。此章義疑不可强解。荻生茂卿曰。此蓋古本史之字下。也字上。有闕文。傳者因小書闕文二字而轉寫者。誤入正文耳。後人不覺。解者皆强。

子曰。巧言亂德。小不忍。則亂大謀。皇本無則字

孔安國曰。巧言利口。則亂德義。朱熹曰。小不忍。如婦人之仁。匹夫之勇。皆是。鸞曰。亂德者。自悖亂吾德也。

子曰。衆惡之必察焉。衆好之必察焉。惡烏路反好呼報反

王肅曰或衆阿黨比周。或其人特立不羣。故好惡不可不察也。

子曰。人能弘道。非道弘人。皇本章末有也字

朱熹曰。弘廓而大之也。王肅曰。才大者道隨大。才小者道隨小。故不能弘人也。荻生茂卿曰。道者。先王之道也。道不虛行。必存乎人。不容徒守道。則己必當盛大之。

故曰非道弘人。

子曰。過而不改。是謂過矣。

朱熹曰。過而能改。則復於無過。唯不改。則其過遂成。而將不及改矣。

子曰。吾嘗終日不食。終夜不寢。以思。無益。不如學也。

太宰純曰。學而不思則罔。夫子之言也。君子固尚思。然但思而不學。則無益於己。故云不如學也。此夫子自言其嘗如是。以勸人學也。

子曰。君子謀道不謀食。耕也餒在其中。矣學也祿在其中矣。君子憂道不憂貧。

荻生茂卿曰。謀者。謂營求之也。鄭玄曰。餒餓也。太宰純曰。大意謂求之不必得。求求不必得。不求或得之。得失者命也。然則君子何憂。憂道而已。不憂貧也。

子曰。知及之。仁不能守之。雖得之。必失之。知及之。仁能守之。不莊以涖之。則民不敬。知

為政涖民其道當知此之字並指政事也

及之。仁能守之。莊以涖之。動之不以禮。未善也。知音智

官包咸曰。知能及治其官。而仁不能守。雖得之。必失之。不嚴以臨之。則民不敬從其上。王肅曰。動必以禮。然後善。太宰純曰。此章言君子正其衣冠。尊其瞻視。儼然人望而畏之。此所謂莊也。朱熹曰。涖臨也。謂臨民也。動之。動民也。猶曰鼓舞而作興之云爾。鸞曰。仁德行也。未善也者。謂民未善也。

子曰。君子不可小知。而可大受也。小人不可大受。而可小知也。

何晏曰。君子之道深遠。不可以小了知。而可大受。小人之道淺近。可以小了知。而不可大受也。朱熹曰。知。我知之也。受彼所受也。

子曰。民之於仁也。甚於水火。水火吾見蹈而死者矣。未見蹈仁而死者也。

馬融曰。水火與仁。皆民所仰而生者。仁最

爲甚也。踏水火或時殺人。蹈仁未嘗殺人也。

鸞曰。仁。卽先王之道也。

子曰。當仁不讓於師。

孔安國曰。當行仁之事。不復讓於師。言行仁急也。朱熹曰。當仁。以仁爲己任也。雖師亦無所讓。言當勇往而必爲也。

子曰。君子貞而不諒。

荻生茂卿曰。貞貞固之貞。諒謂求信於人也。如書牘中諒察諒鑒之諒。

子曰。事君。敬其事而後其食。後其食。蜀石經作後食其祿

孔安國曰。先盡力而後食祿也。朱熹曰。後與後獲之後同。食祿也。

子曰。有教無類。

馬融曰。言人在見教。無有種類。鸞曰。此章言教之不可以已也。唯上知與下愚不移。如中人之性。雖有萬品。教之則可以爲善人矣。故有教而後始知無有種類。

子曰。道不同。不相爲謀。爲于僞反。鹽鐵論作道不同者不相與謀

鸞曰。道者。猶君子之道。小人之道之道也、人各有自道者。謀者。謀慮也。道不同相爲謀。無益而有損。

子曰。辭達而已矣。

孔安國曰。凡事莫過於實。辭達則足矣。不煩文豔之辭也。太宰純曰。達者。達意也。荻生茂卿曰。聘禮記曰。辭無常。孫而說。辭多則史。少則不達。辭苟足以達義之至也。按凡言之成文。謂之辭。而此謂辭命也。春秋時爲爲辭命者。率虛誇成俗。競以文飾相高。兩國之情因以不達。故孔子云爾。

師冕見。及階。子曰。階也。及席。子曰。席也。皆坐。子告之曰。某在斯。某在斯。師冕出。子張問曰。與師言之道與。子曰。然。固相師之道也。

見賢遍反皇本告作謂道與之與音餘相息亮反

孔安國曰。師樂人。盲者也。名冕也。某在斯。歷告以坐中人姓字及所在處也。邢昺曰。

孔子見瞽者必起弟子亦起。冕既登席而坐。孔子及弟子亦皆坐。鄭玄曰。相扶也。朱熹曰。古者瞽必有相。其道如此。

季氏第十六

季氏將伐顓臾。冉有季路見於孔子曰。季氏將有事於顓臾。孔子曰。求無乃爾是過與。夫顓臾。昔者先王以爲東蒙主。且在邦城域之中矣。是社稷之臣也。何以伐爲。冉有曰。夫子欲之。吾二臣者。皆不欲也。孔子曰。求周任有言曰。陳力就列。不能者止。危而不持。顛而不扶。則將焉用彼相矣。且爾言過矣。虎兕出於柙。龜玉毀於櫝中。是誰之過與。冉有曰。今夫顓臾。固而近於費。今不取。後世必爲子孫憂。孔子曰。求。君子疾夫舍曰欲之而必更爲之辭。丘也聞有國有家者。不患寡而患不均。不患貧而患不安。蓋均無貧。和無寡。安無傾。夫如是。故遠人不服。則脩文德以來之。既來之。則安之。今由與求也相夫子遠人不服而不能來也邦分崩離析而不能守也而謀動干戈於邦內吾恐季孫之憂不在顓臾而在蕭牆之內也見賢遍反過與之與音餘夫顓之夫音符下今夫疾夫夫如此竝同焉於虔反相息亮反陸本柙作匣陸本無後世二字舍音捨皇本爲之辭上有更字從之析星歷反鄭本邦內作封內石經章末兩在下皆有於字

亜

臣附庸當時屬魯季氏貪其土地欲滅而取之冉有與季路爲季氏臣來告孔子也求

孔安國曰顓臾伏義之後風姓之國本魯之

無乃爾是過與冉求爲季氏宰相其室

主

而爲之聚斂。故孔子獨疑求教之也。以爲東蒙主者。使祭蒙山也。魯七百里之封。顓臾爲附庸。在其域中。已屬魯。爲社稷之臣。何用滅之爲。夫子欲之者。歸咎於季氏疾者。疾如女之言也。舍其貪利之說。而更作他辭。是所疾也。國。諸侯也。家。卿大夫也。不患土地人民之寡少。患政治之不均平也。憂不能安民耳。民安則國富。分崩離析。干楯也。戈戟也。太宰純曰。事。戎事也。

春秋傳曰。國之大事。在祀與戎陳力就列不能者止。此二句周任之言也。危而不時[持]以下。孔子之言也。文德。謂禮樂所成之德也。邢昺曰。爾女也。蒙山在東。故曰東蒙。夫子。謂季氏也。馬融曰。周任。古之良史也。陳力就列。不能者止。言陳其才力。度己所任以就其位。不能則當止也。柙。檻也。櫝。匱也。是誰之過與。失毀豈非典守者之過邪。固。謂城郭完堅也。費。季氏之邑也。包咸曰。危而不持。顛而不扶。則將焉用彼相矣。言輔相人者。當能持危扶顛。若不能。何用相為也。均無貧。和無寡。安無傾者。政教均平。則不貧矣。上下和同。不患寡矣。小大安寧。不傾危矣。朱熹曰。相。瞽者之相也。脩文德以來之。內治脩。然後遠人服。有不服。則脩德以來之。亦不當勤兵於遠。爾雅曰。兕。野牛。鄭玄曰。蕭之言肅也。蕭牆。謂屏也。君臣相見之禮。至屏而加肅敬焉。是以謂之蕭牆。後季氏家臣陽虎。果囚季相子。

孔子曰天下有道則禮樂征伐自天子出。天下無道。則禮樂征伐自諸侯出。蓋十世希不失矣。自大夫出。五世希不失矣。陪臣執國命。三世希不失矣。天下有道。則政不在大夫。天下有道。則庶人不議。

朱熹曰。先王之制。諸侯不得變禮樂。專征伐。逆理愈甚。則其失之愈速。大約世數不過如此。天下有道。則庶人不議者。

上無失政。則下無私議。非箝其口。使（便）不敢言也。此章通論天下之勢。孔安國曰。希少也。政不在大夫。制之由君也。馬融曰。陪重也。謂家臣也。

孔子曰。祿之去公室五世矣。政逮於大夫四世矣。故夫（夫音符）三桓之子孫微矣。鄭玄曰。言此之時魯定公之初也。魯自東門襄仲殺文公之子赤而立宣公。於是政在大夫。爵祿不從君出。至定公爲五世矣。四世。文子武子悼子平子也。朱熹曰。自季武子始專國政。歷悼平桓子。凡四世。而爲家臣陽虎所執。此章專論魯事。疑與前章皆定公時語。邢昺曰。逮及也。孔安國曰。三桓。謂仲孫叔孫季孫。三卿皆出桓公。故曰三桓也。仲孫氏改其氏稱孟氏。至哀公皆衰也。林希元曰。祿去公室。政逮大夫。失互言之也。韓愈曰。此重言定公時事也。上文十世五世三世希不失者。蓋沒言之耳。

此云禄去公室五世。及下文云政逮於大夫四世。皆指實事言也。

孔子曰益者三友。損者三友。友直友諒。友多聞益矣。友便辟。友善柔友便佞損矣便婢緜反

辟婢亦反

太宰純曰。直不與（由）也。兼言行。諒謂見信於人也。前云。君子貞而不諒者。君子之所以自行也。友諒者。愛人之諒也。信於內而形於外之謂諒。本美德也。所謂君子不諒

者。言無意爲諒也。馬融曰。便辟。便巧辟人之所忌。以求容媚者也。善柔。面柔也。朱熹曰。便習熟也。鄭玄曰。便佞者。便辨也。佞而辨也。蔡清曰。便辟。威儀上便習也。便佞口辭上便習也。

孔子曰益者三樂損者三樂樂節禮樂樂道人之善。樂多賢友益矣。樂驕樂樂佚遊樂宴樂損矣樂皆音洛唯禮樂之樂音岳

何晏曰。節禮樂。動得禮樂之節。太宰純

曰。道言也。孔安國曰。驕樂特尊貴以自恣也。宴樂。沈荒淫瀆也。王肅曰。佚遊出入不知節也。

孔子曰侍於君子有三愆。言未及之而言謂之躁。言及之而不言謂之隱。未見顏色而言。謂之瞽（魯論躁作傲）

孔安國曰。愆過也。隱匿不盡情實也。鄭玄曰。躁不安靜也。周生烈曰。未見君子顏色所趣向。而便逆先意語者。猶瞽者也。

孔子曰。君子有三戒。少之時。血氣未定。戒之在色。及其壯也。血氣方剛。戒之在闘。及其老也。血氣既衰。戒之在得。

朱熹曰。血氣。形之所待以生者。血陰而氣陽也。孔安國曰。得貪得也。太宰純曰。三者之戒何以乎。曰禮義而已矣。禮義者。先王之所制。而君子之所守也。

孔子曰。君子有三畏。畏天命。畏大人。畏聖人之言。小人不知天命而不畏也。狎大人。侮聖人之言。

太宰純曰。畏。畏敬也。邢昺曰。狎謂慣忽。侮。謂輕慢。鶱曰。天命不可逃。君子知命。故畏敬以安之也。大人者。謂當世君上之人也。兼位德以言之。聖人者。謂往古之聖人也。大人所以稟教。聖言所以爲法。故亦皆畏敬之。不敢違也。

孔子曰。生而知之者上也。學而知之者次也。困而學之。又其次也。困而不學。民斯爲下矣。

孔安國曰。困謂有所不通也。大宰純曰。此章言天下人品約有四等之字。指道也。民斯爲下矣。言民之下也。

孔子曰。君子有九思。視思明。聽思聰。色思溫。貌思恭。言思忠。事思敬。疑思問。忿思難。見得思義。

太宰純曰。思難者。思慮後患也。見猶遇也。見得者。遇有所得也。思義者。思慮有義否也。

孔子曰。見善如不及。見不善如探湯。吾見其人矣。吾聞其語矣。隱居以求其志。行義以達其道。吾聞其語矣。未見其人也。

太宰純曰。如不及者。汲汲之意也。吾見其人矣。言嘗見好善惡不善。俱如上文所云者也。語。謂君子之語也。孔安國曰。探湯。喻去惡疾也。朱熹曰。隱居以求其志。行義以達其道。蓋惟伊尹太公之流可以當之。鸞曰。求者。謂求而不失也。言其隱居也。

不枉其志而從世也。其仕而行義也。行其道於天下也。

齊景公有馬千駟。死之日。民無德而稱焉。伯夷叔齊餓于首陽之下。民到于今稱之。其斯之謂與。皇本德作得無而字與音餘

孔安國曰。千駟四千匹。馬融曰。首陽山在河東蒲坂縣。華山之北。河曲之中。胡寅曰。程子以爲第十二篇錯簡。誠不以富亦祇以異。當在此章之首。今詳文勢。似當在

其斯之謂與之句上。言人之所稱不在於富。
而在於異也。朱熹曰。此說近是。而章首當
有孔子曰字。蓋闕文耳。
陳亢問於伯魚曰。子亦有異聞乎。對曰。未也。
嘗獨立。鯉趨而過庭。曰。學詩乎。對曰。未也
曰不學詩。無以言也。鯉退而學詩。他日又
獨立。鯉趨而過庭。曰。學禮乎。對曰。未也。曰。
不學禮。無以立也。無鯉退而學禮。聞斯二者。陳
亢退而喜曰。問一得三。聞詩。聞禮。又聞君子

之遠其子也。皇本不學詩及不學禮上皆有曰字無以言及無以立下皆有也字從之遠于萬反馬融曰。以爲伯魚孔子之子所聞當有異也。荻生茂卿曰。未也。謙辭。對長者之禮也。非其實也。孔子不知伯魚之學詩禮邪。未邪。必問焉而後知之。故陳亢以爲遠其子也。孔安國曰。獨立。謂孔子也。陸德明曰。鯉伯魚名也。朱熹曰。當獨立之時。所聞不過知此。其無異聞可知。鸞曰。詩者。盡人情。故學詩可以能言矣。禮者。德之則也。故學禮可以立身矣。

邦君之妻。君稱之曰夫人。夫人自稱曰小童。邦人稱之。曰君夫人。稱諸異邦。曰寡小君。異邦人稱之。亦曰君夫人。

孔安國曰。小君。君夫人之稱也。對異邦謙。故曰寡小君。當此之時。諸侯嫡妾不正稱號不審。故孔子正言其禮也。太宰純曰。若依孔安國之說。章首當有孔子曰字。小童者。謙也。言己智能寡少。如童蒙也。諸之也。

論語私考卷第八終

論語私考卷第九

土佐　山本鸞　撰

陽貨第十七

陽貨欲見孔子。孔子不見。歸孔子豚。孔子時其亡也而往拜之。遇諸塗。謂孔子曰。來。予與爾言。曰。懷其寶而迷其邦。可謂仁乎。曰。不可。好從事。而亟失時。可謂知乎。曰。不可。日月逝矣。歲不我與。孔子曰。諾。吾將仕矣。歸如字鄭本作饋塗亦途好呼報反知音智

孔安國曰。陽貨陽虎也。季氏家臣。而專魯國

之政。欲見孔子使仕也。歸孔子豚。欲使往謝。故遺孔子豚也。塗道也。於道路與相逢也。好從事。而亟失時。可謂知乎。言孔子栖栖好從事。而數不遇失時。不得爲有知也。吾將仕矣。以順辭免害也。說文曰。豚小豕也。邢昺曰。蓋名虎字貨。亟數也。太宰純曰。亡不在也。諸之也。馬融曰。懷其寶而迷其邦。言孔子不仕是懷寶也。知國不治而不爲政。是迷邦也。日月逝矣。歲不我與。年老。歲月已往。當

急仕也。朱熹曰。將者且然而未必之辭。貨諸
皆譏孔子。而諷使速仕。孔子固未嘗如此。而
亦非不欲仕也。但不仕於貨耳。故直據理
答之。不復與辨。若不諭其意者。

子曰。性相近也。習相遠也。

孔安國曰。君子慎所習也。太宰純曰。人性萬
殊。約有三品。善爲上。惡爲下。可以善可以
惡爲中。上者不待教。性相近者。諸中品之
性也。其性不甚相遠。其所以相遠者。習慣
○下者不可教。中者不可不教、

非

不移

使然也已。故習不可不慎也。

子曰。唯上知與下愚不移。知音智

孔安國曰。上知不可使強爲惡。下愚不可使強賢也。荻生茂卿曰。移云者。移性之謂矣。移亦性也。不移亦性也。故曰。上知與下愚。言其性殊也。中人可上可下。亦言其性殊也學以養之。養而後其材成。成則有殊於前。是謂之移。又謂之變。其材之成也。性之成也。故書曰。習與性成。非性之移也。朱熹曰。

此承上章而言。或曰此與上章當合爲一。子曰二字蓋衍文耳。

子之武城。聞絃歌之聲。夫子莞爾而笑曰。割雞焉用牛刀。子游對曰。昔者偃也聞諸夫子曰。君子學道則愛人。小人學道則易使也。子曰。二三子。偃之言是也。前言戲之耳。絃邢本作弦莞

陸本作莧焉於虔反易以豉反

孔安國曰。子游爲武城宰也。割雞焉用牛刀。言治小何須大道也。道。謂禮樂也。樂以

和人。人和則易使也。二三子從行者也。邢昺、曰。之適也。朱熹曰。絃琴瑟也。時子游爲武城宰。以禮樂爲教。故邑人皆絃歌也。何晏曰。莞爾小笑貌也。繆播曰。割雞焉用牛刀。惜其不得導千乘之國。如牛刀割雞。不盡其才也。鸞曰。子游志禮樂。不得大用。而爲邑之宰。孔子蓋惜之。割雞焉用牛刀者。孔子之微言也。子游不達。誦他日所聞孔子之言以答也。孔子之微意有難明者。

故云前言戲之耳

公山弗擾以費畔。召。子欲往。子路不説。曰。末之也已。何必公山氏之之也。子曰。夫召我者而豈徒哉。如有用我者。吾其爲東周乎。皇本弗作不左傳史記皆弗擾作不狃説音悅夫音符

孔安國曰。弗擾爲季氏宰。與陽虎共執季桓子。而召孔子也。末之也已。何必公山氏之之也。之適也。無可之則止耳。何必公山氏之適者也。興周道於東方。故曰東周也。邢昺

曰。弗擾。卽左傳公山不狃也。字子洩。末無也。已止也。徒空也。鸞曰。爲東周。乎言翼補王室。興復文武之道於東方也。

子張問仁於孔子。孔子曰。能行五者於天下爲仁矣。請問之。曰。恭寬信敏惠。恭則不侮。寬則得衆。信則人任焉。敏則有功。惠則足以使人。

皇。

皇本孔子曰作孔子對曰

孔安國曰。不侮不見侮慢也。敏則有功。應事疾則多成功。鸞曰。爲猶行也。行五者於天下以行仁也。信則人任焉者。已不失信。則人能任己事也。惠則足以使人者。惠人則人懷惠。故足以使人也。

者。

佛肸召子欲往子路曰昔由也聞諸夫子曰親於其身爲不善者君子不入也佛肸以中牟畔子之往也如之何子曰然有是言也不曰堅乎磨而不磷不曰白乎涅而不緇吾豈匏瓜也哉。焉能繫而不食

佛音弼皇本作胇漢書古今人表作茀肸許密反論衡子路下有不說二字焉於虔。論衡食下有也字

反

孔安國曰。佛肸。晉大夫趙簡子之邑宰也。不入者不入其國也。磷薄也。涅可以染皁者。言至堅者磨之而不薄。至白者染之於涅而不黑。喻君子雖在濁亂。濁亂不能汚也。朱熹曰。親猶自也。邢昺曰。涅水中黑土。緇黑色也。皇侃曰。匏瓜星名也。言人有才。宜佐時理務。爲人所用。得如匏瓜繫天而不可食邪。竊曰。有是言也。屬下句。磨而不磷。涅而不緇。蓋古語也。

壹

子曰。由也。汝聞六言六蔽矣乎。對曰。未也。居吾語女。好仁不好學。其蔽也愚。好知不好學。其蔽也蕩。好信不好學。其蔽也賊。好直不好學。其蔽也絞。好勇不好學。其蔽也亂。好剛不好學。其蔽也狂。女音汝語魚據反好呼報反知音智

邢昺曰。蔽謂蔽塞不自見其過也。居坐也。

萩生茂卿曰。六言六蔽。蓋亦古有斯語也。

孔安國曰。子路起對。故使還坐也。仁者愛物。不知所以裁之。則愚也。蕩無所適守

也。賊父子不知相爲隱之輩也。狂妄抵觸人也。朱熹曰。愚若可陷可罔之類。蕩窮高極廣。而無所止。太宰純曰。勇不怯懦也。剛不屈撓也。六言所好者。人之所謂德也。學學詩書禮樂也。詩書義之府也。禮樂德之則也。學之者所以脩德也。德之不脩。不免於六者之蔽。故君子不可不學也。

子曰。小子何莫學夫詩。詩可以興。可以觀。可以群。可以怨。邇之事父。遠之事君。多識

故

於鳥獸草木之名。夫音符
包咸曰。小子門人也。邢昺曰。莫不也。孔安國曰。
邇近也。朱熹曰。多識於鳥獸草木之名。其緒
餘又足以資多識。鸞曰。興起也。詩者言人情
世態。諷詠以導之。興起於道也。觀者。謂觀
人情世態。治亂得失也。羣者。能知人情。故
可與人羣居也。怨者。詩之教。歸於人情之
正。怨而不失正。故可以怨也。邇之事父。遠之
事君者。謂知所事君父之道也。言學詩

則得其效如此。

子謂伯魚曰。女爲周南召南矣乎。人而不爲周南召南。其猶正牆面而立也。與女音汝與音餘

邢昺曰。爲猶學也。牆面。面向牆也。馬融曰。周南召南國風之始。赤星國香曰。二南者。詩之首篇。故言二南。則三百篇盡從之矣。倪士毅曰。書周官曰。不學牆面。孔子取譬本此。朱熹曰。正牆面而立。言即其至近之地。而一物無所見。一步不可行。鷟曰。爲周南召

南矣乎者。猶言學詩矣乎。學詩之效。如前章所言也。不學詩。則不可以事君父。故孔子云爾。

子曰。禮云禮云。玉帛云乎哉。樂云樂云。鐘鼓云乎哉。

鄭玄曰。玉。圭璋之屬。帛。束帛之屬。言禮非但崇此玉帛而已。所貴者。乃貴其安上治民也。馬融曰。樂之所貴者。移風易俗也。非謂鐘鼓而已也。

竊

子曰。色厲而内荏。譬諸小人。其猶穿窬之盜也與。陸本窬作踰與音餘

孔安國曰。荏柔也。謂外自矜厲而内柔佞也。爲人如此。猶小人之有盜心。穿。穿壁。窬。牆也。

子曰。鄉原德之賊也。

朱熹曰。鄉者。鄙俗之意。原與愿同。荀子原慤。注讀作愿是也。鄉愿。鄉人之愿者也。蓋其同流合汙。以媚於世。故在鄉人之中。獨以愿稱。夫子以其似德非德。而反亂乎

德。故以爲德德之賊。而深惡之。詳見孟子末篇。萩生茂卿曰。德謂有德人也。

子曰。道聽而塗說。德之棄也。皇本無也字

邢昺曰。塗亦道也。萩生茂卿曰。道聽而塗說。謂口耳之學也。道塗亦喩耳。鸞曰。凡人之於言也。不反求於己而輕薄浮淺。如聽之於道路。說之於道路者。是自棄其德也。

子曰。鄙夫可與事君也與哉。其未得之也。

患得之。既得之。患失之。苟患失之。無所不至矣。與哉之與。音餘。陸德明曰。一本無哉字。潛夫論。患得之作患不得之。

朱熹曰。鄙夫。庸惡陋劣之稱。孔安國曰。言不可與事君也。何晏曰。患得之者。患不能得之也。楚俗言也。邢昺曰。苟誠也。鄭玄曰。無所不至者。言其邪媚無所不爲也。鶱曰。患得之。疑患下脱不字。

子曰。古者民有三疾。今也或是之亡也。古之狂也肆。今之狂也蕩。古之矜也廉。今之矜

也忿戾。古之愚也直。今之愚也詐而已矣。亡音無。魯論廉作貶

馮椅曰。或是之亡。不敢爲決然之辭。恐尚亦有之邪。呂曰。亡無也。朱熹曰。肆謂不拘小節。蕩則踰大閑矣。廉謂稜角陗厲。直謂徑行自遂。太宰純曰。矜當爲稍。聲之誤也。鸞曰。狂之肆。稍之廉。愚之直。皆性之疾也。而今也不能如古之疾矣。

子曰。巧言令色。鮮矣仁。皇本無此章

朱熹曰。重出。

子曰。惡紫之奪朱也。惡鄭聲之亂雅樂也。惡利口之覆邦家者。惡烏路反皇本樂下無也字者作也

荻生茂卿曰。惡紫之奪朱也。此一句譬喻。孔安國曰。朱。正色。紫。間色之好者。惡其邪好。而奪正色也。利口之人。多言少實。苟能說媚時君。傾覆其國家也。包咸曰。鄭聲。淫聲之哀者。朱熹曰。雅。正也。

子曰。予欲無言。子貢曰。子如不言。則小子何

述焉。子曰。天何言哉。四時行焉。百物生焉。天何言哉魯論上天字作夫

何晏曰。言之爲益少。故欲無言也。荻生茂卿曰。此章爲教而發也。教者謂禮樂也。及孔子時。禮樂存。而人不識其義。故孔子明其義。以教之。於是乎學者皆以爲義止是焉。豈知言之爲益少也。故孔子欲無言。明禮樂之義。不可以言盡也。引天以明其不待言。而可默識之也。夫

禮樂之教。至於默而識之。其義莫有窮盡也

孺悲欲見孔子。孔子辭以疾。將命者出戶。取瑟而歌。使之聞之。孺亦作孺皇本辭下有之字何晏曰。孺悲魯人也。孔子不欲見。故辭以疾。爲其將命者不知己。故歌令將命者悟。所以令孺悲思也。邢昺曰。將奉也。朱熹曰。孺悲嘗學士喪禮於孔子。當是時必有以得罪者。故辭以疾。程顥曰。此孟子所謂不肖之教誨。所以深教之也。

宰我問。三年之喪。期已久矣。君子三年不爲禮。禮必壞。三年不爲樂。樂必崩。舊穀既沒。新穀既升。鑽燧改火。期可已矣。子曰。食夫稻。衣夫錦。於女安乎。曰。安。曰。女安則爲之。夫君子之居喪。食旨不甘。聞樂不樂。居處不安。故不爲也。今女安則爲之。宰我出。子曰。予之不仁也。子生三年。然後免於父母之懷。夫三年之喪。天下之通喪也。予也有三年之愛於其父母乎。期音基下同陸德明曰一本作其夫音符下同衣於旣反皇本錦下有也字女音汝下同皇本女安上有曰字從之不樂之樂音洛

朱熹曰。期。周年也。沒。盡也。升。登也。期可已矣。已。止也。言期年則天運一周。時物皆變。喪至此可止也。邢昺曰。鑽木出火謂之燧也。通達也。馬融曰。周書月令。有更火之文。春取。榆柳之火夏取棗杏之火季夏取桑柘之火秋取柞楢之火冬取槐檀之火棗杏之火一年之中。鑽火各異木。故曰改火也。子生未三歲。爲父母所懷抱也。太宰純曰。稻。禮之食也。錦。禮之衣也。三夫字。指

行禮者。言不行三年之喪。而行禮也。爲之者爲禮樂也。此言君子居喪。哀戚之至。不暇憂禮樂。以詰之。所以解其惑也。孔安國曰。旨美也。通喪者。自天子達於庶人也。繆播曰。三年之喪。先王之制也。宰我在聖門。豈不知之乎。但恐禮樂之壞崩。故發其所見以問之也。予也有三年之愛於其父母乎者。詰問之辭也。言有三年之愛乎否。無則可以已矣。有則三年之制。不可以易也。

子曰。飽食終日。無所用心。難矣哉。不有博弈者乎。爲之猶賢乎已。

邢昺曰。博。說文作簙。局戲也。圍棊謂之奕。賢。勝也。已。止也。鸞曰。人各有所事之事也。而飽食終日。無所用心者。是廢人耳。難矣哉者。難於爲事也。

子路曰。君子尚勇乎。子曰。君子義以爲上。君子有勇而無義爲亂。小人有勇而無義爲盜。

朱熹曰。尚上之也。君子爲亂。小人爲盜。皆以位言者也。太宰純曰。義者先王之義也。

子貢曰。君子亦有惡乎。子曰。有惡。惡稱人之惡者。惡居下流而訕上者。惡勇而無禮者。惡果敢而窒者。曰。賜也亦有惡乎。惡徼以爲知者。惡不孫以爲勇者。惡訐以爲直者。石經無上之亦字惡烏路反下同惡者之惡如字石經子曰有惡無惡惡字。下流無流字魯論窒作室鄭本徼作絞知音智孫音遜

荻生茂卿曰。稱。揚也。下流。謂藪澤也。再見

子張篇。彼謂身爲逋逃藪。辟諸衆流所歸焉。此亦謂身爲衆惡人所歸會者。孔安國曰。訕謗毀也。徼抄也。抄人之意以爲已有也。馬融曰。窒窒塞也。包咸曰。訐謂攻發人之陰私也。朱熹曰。惡徼以下。子貢之言也。

子曰。唯女子與小人。爲難養也。近之則不孫。遠之則怨。近巨靳反孫音遜遠于萬反皇本怨上有有字

太宰純曰。言遠近皆不可。所以爲難養也。

子曰。年四十而見惡焉。其終也已。惡烏路反年四十而見惡焉石經作年卌見惡

鄭玄曰。年在不惑。而爲人所惡。終無善行。

微子第十八

微子去之。箕子爲之奴。比干諫而死。孔子曰。殷有三仁焉。

馬融曰。微。箕。二國名。子。爵也。微子。紂之庶兄。箕子。比干。紂之諸父也。微子見紂無道。早去之。箕子佯狂爲奴。比干以諫見殺也。

于

首。

邢昺曰。微子名啓。司馬彪云。箕子名胥餘。太宰純曰。章首三句者。記者之辭也。鸞曰。仁者。成德之稱也。三子行各異。而同稱仁。不止去之爲之奴諫而死。其德之盛。必有可以稱仁人者矣。三子之行。其詳不可得而聞焉。

柳下惠爲士師。三黜。人曰。子未可以去乎。曰。直道而事人。焉往而不三黜。枉道而事人。何必去父母之邦。三息暫反。又如字。焉於虔反。石經邦作國

孔安國曰。士師。典獄之官也。苟直道以事人。

所至之國。俱當復三黜。朱熹曰。黜退也。邢昺曰。焉何也。胡寅曰。此必有孔子斷之之言。而亡之矣。

齊景公待孔子曰。若季氏則吾不能。以季孟之間待之。曰。吾老矣。不能用也。孔子行。邢昺曰。待遇也。謂以祿位接遇孔子也。孔安國曰。魯三卿。季氏爲上卿。最貴。孟氏爲下卿。不用事。言待之以二者之間。朱熹曰。此言必非面語孔子。蓋自以告其臣。

而孔子聞之爾。太宰純曰。此記景公前後兩次之言。非一時而有二言也。

齊人歸女樂季桓子受之三日不朝孔子行

歸如字鄭本作饋朝直遙反

斯

孔安國曰。桓子季孫斯也。使定公受齊之女樂。君臣相與觀之。廢朝禮三日也。朱熹曰。按史記定公十四年。孔子為魯司寇。攝行相事。齊人懼歸女樂以沮之。

楚狂接輿歌而過孔子曰。鳳兮鳳兮。何

何德之衰。往者不可諫。來者猶可追。已而已而。今之從政者殆而。孔子下欲與之言。趨而辟之。不得與之言。皇本孔子下有之門二字衰下諫下追下皆有也字石經同何下有而字已而已而今之從政者殆而魯論作其斯已矣今之從政者殆皇本章末有也字

孔安國曰。接輿楚人也。佯狂而來歌。欲以感切孔子也。比孔子於鳳鳥也。鳳鳥待聖君乃見。非孔子周行求合。故曰衰也。已往所行。不可復諫止也。自今已來。可追自止辟亂隱居也。朱熹曰。夫子時將適楚。故接輿歌而過其

車前也。已。止也。邪長曰。而皆語辭也。殆危也。趨謂疾行也。包咸曰。下下車也。太宰純曰。孔子聞接輿之歌。而知其非常人。故下車欲與之言。接輿則懼人之覺其佯狂。故趨而避之也。

長沮桀溺耦而耕。孔子過之。使子路問津焉。長沮曰。夫執輿者爲誰。子路曰。爲孔丘。曰。是魯孔丘與。對曰。是也。曰。是知津矣。問於桀溺。桀溺曰。子爲誰。子路曰。爲仲由。曰。是魯孔丘之徒與。對曰。然。曰。滔滔者天下皆是也。而誰以易之。且而與其從辟人之士也。豈若從辟世之士哉。耰而不輟。子路行以告。夫子憮然曰。鳥獸不可與同群。吾非斯人之徒與。而誰與。天下有道。丘不與易也。夫孰之夫音符皇本上之爲誰下有乎字從之石經乎作子丘與徒與之與音餘皇本曰是也上有對字從之對曰是也曰是知津矣石經作曰是是知津皇本曰爲仲由上有子路二字陸德明曰一本丘之徒與上有子字陸本孔丘作孔子鮮本滔滔作悠悠史記同漢書敘傳作慆慆辟音避石經且而無而字子路行無行字夫子無夫字皇本群下有也字鄭玄曰。長沮桀溺。隱者也。耜廣五寸。二耜為耦。津。渡處也。耰。覆種也。輟。止也。覆種不止。不以津處告也。朱熹曰。耦竝耕也。滔滔流而不反之意。言天下皆亂。將誰與變易之。以猶與也。且而而汝也。憮然猶悵然也。天下有道。丘不與易也。天下若已平。治。則我無用變易之。正為天下無道。故欲以道易之耳。邢昺曰。執輿。謂執轡在車也。時子路為御。既使問津。孔子代之而執轡也。然。猶是也。與其從辟人之士也。與猶等也。憮失意貌。馬融曰。知津。言數周流。自知津處也。何晏曰。士有辟人之之法。有辟世之法。長沮桀溺。謂孔子爲士。從辟人之法也。己之爲士。則從辟世之法也。夫子憮然。爲其不達己意而使非己也。孔安國曰。鳥獸不可與同群。隱居於山林。是與鳥獸同群也。吾自當與此天下人同群。安能去人從鳥獸居乎。

居

子路從而後。遇丈人以杖荷蓧。子路問曰。子見夫子乎。丈人曰。四體不勤。五穀不分。孰爲夫子。植其杖而芸。子路拱而立。止子路宿、殺雞爲黍而食之。見其二子焉。明日子路行以告。子曰。隱者也。使子路反見之。至則行矣。子路曰。不仕無義。長幼之節。不可廢也。君臣之義。如之何其廢之。欲潔其身。而亂大倫。君子之仕也。行其義也。道之不行也。已知之矣。

寫

蓧一作條一作莜石經植作置芸作耘食音嗣見其之見賢遍反朱熹曰福州有國初時寫本下之子路下有反子二字長竹丈反石經君臣之義作君臣之禮皇本廢之作可廢也石經作其廢之也皇本不行下有也字從之已音以

包咸曰。丈人。老者也。蓧。竹器也。四體不勤者。不勤勞四體。邢昺曰。夫子。孔子也。不仕無義者。不仕是無君臣之義也。朱熹曰。分辨也。五穀不分。猶言不辨菽麥爾。植。立之也。子路拱而立。知其隱者敬之也。蓋丈人之接子路甚倨。而子路益恭。丈人因見其二子焉。則於長幼之節。固知其不可廢矣。故因其所明以曉之。倫。序也。人之大倫有五。父子有親。君臣有義。夫婦有別。長幼有序。朋友有信。是也。仕所以行君臣之義。故雖知道之不行。而不可廢。孔安國曰。除草曰芸。至則行矣。子路反至其家。丈人出行不在也。鄭玄曰。子路曰。不仕無義。留言以語丈人之二子也。

逸民。伯夷。叔齊。虞仲。夷逸。朱張。柳下惠。

少連。子曰。不降其志。不辱其身。伯夷叔齊與。謂柳下惠少連。降志辱身矣。言中倫。行中慮。其斯已矣。謂虞仲夷逸隱居放言。身中清。廢中權。我則異於是。無可無不可。鄭本朱作侏與音餘中陟仲反行下孟反石經其斯而已矣作其斯以矣鄭本廢作發

朱張曰。逸遺逸。民者。無位之稱。虞仲。即仲雍。與泰伯同竄荊蠻者。夷逸。朱張。不見經傳。少連。東夷人。少連事不可考。然記稱其善居喪。三日不怠。三月不解。朞

見

悲哀。三年憂。則行之中慮。並可矣。鄭玄曰。不降其志。不辱其身、言其直己之心。不入庸君之朝。孔安國曰。但能言應倫理。行應思慮。如此而已。狄生茂卿曰。言中倫。行中慮。蓋其言行暗合聖人之倫慮也。蔡清曰。其斯而已矣。指中倫中慮。言謂其所可取者。在此耳。不可謂其無他善也。孔子下文論列。不及朱張。不知如何。包咸曰。放置也。不復言世務也。馬融曰。清。純潔也。遭世亂。自廢棄以免患。合於權也。無可無不可者。亦不必進。亦不必退。唯義所在也。鸞曰。權者。謂行己中道。得時措之宜也。

大師摯適齊。亞飯干適楚。三飯繚適蔡。四飯缺適秦。鼓方叔入于河。播鼗武入于漢。少師陽擊磬襄入于海。大音泰鼗亦作鞉皇本作鞀少詩昭反

朱熹曰。大師。魯樂官之長。摯。其名也。亞飯

以下以樂侑食之官。干繚缺皆名也。河河內。
漢。漢中。少師。樂官之佐。陽。襄。二人名。襄。卽
孔子所從學琴者。海。海島也。此記賢人
之隱遁。以附前章。然未必夫子之言也。末
章放之。孔安國曰。亞次也。次飯樂師也。播
猶搖也。武名也。魯哀公時。禮壞樂崩。樂
人皆去。包咸曰。鼗鼓者。方叔名也。邢昺
曰。鼗。如鼓而小。有兩耳。持其柄搖之。旁耳
還自擊。荻生茂卿曰。無初飯者。不須侑也。

周公謂魯公曰。君子不施其親。不使大臣怨乎不以。故舊無大故則不棄也。無求備於一人。陸本施作弛石經福本同

孔安國曰。魯公。周公之子伯禽。封於魯也。以。用也。怨不見聽用也。大故謂惡逆之事也。朱熹曰。弛遺棄也。邢昺曰。求責也。胡寅曰。此伯禽受封之國。周公訓戒之辭。魯人傳誦。久而不忘也。其或夫子嘗與門弟子言之歟。

周有八士。伯達。伯适。仲突。仲忽。叔夜。叔夏。季隨。季騧。

包咸曰。周時四乳生八子。皆爲顯仕。故記之爾。陸德明曰。鄭玄云。成王時。劉向馬融。皆以爲宣王時。林希元曰。八士南宮氏文王時。皆爲虞官。國語云。文王詢於八虞。汲冢周書克殷解云。乃命南宮忽。振鹿臺之財。巨橋之粟。乃命南宮百達史佚。遷九鼎三巫。蓋南宮忽。卽仲忽。

南宮石（百）達。即伯達。尚書所謂南宮括。即伯适也。張載曰。記善人之多也。

論語私考卷第九終

論語私考卷第十

土佐　山本鸞　撰

子張第十九

子張曰。士見危致命。見得思義。祭思敬。喪思哀。其可已矣。

朱熹曰。致命。猶言授命也。荻生茂卿曰。致如致女之致。命。謂君命也。思者。謂思而求之也。太宰純曰。其邪。言其可以爲士也。

子張曰。執德不弘。信道不篤。焉能爲有。焉

能爲亡。焉於虔反 亡音無

邢昺曰弘大也篤厚也亡無也孔安國曰焉能爲有焉能爲亡言無所輕重也

子夏之門人問交於子張。子張曰。子夏云何。對曰。子夏曰。可者與之。其不可者拒之。子張曰。異乎吾所聞。君子尊賢而容衆。嘉善而矜不能。我之大賢與。於人何所不容。我之不賢與。人將拒我。如之何其拒人也。矜居陵反 賢與之與音餘 皇本陸本石經皆拒作距包咸曰友交當如子夏。汎交當如子張。鄭玄曰子夏所云倫黨之交。子張所云尊卑之交也。荻生茂卿曰。善猶能也。謂人之有善行者也。太宰純曰。云何猶如何也。

子夏曰。雖小道必有可觀者焉。致遠恐泥。是以君子不爲也。

何晏曰。小道謂異端也。太宰純曰。小道。對大道而言。先王之道爲大道。乃百家衆技之謂也。致遠恐泥者。言不可一一行也。

其他為小道

包咸曰。泥。泥難不通也。

子夏曰。日知其所亡。月無忘其所能。可謂好學也已矣。亡音無。好呼報反。

孔安國曰。日知其所未聞也。邢昺曰。亡無也。

子夏曰。博學而篤志。切問而近思。仁在其中矣。

何晏曰。切問者。切問於己所學而未悟之事。近思者。近思己所未能及之事。汎問所未學。

遠思所未達。則於所習者不精於所思者不解。竊曰。篤志者。厚志於先王之道也。博學篤志切問近思四者。爲學之道也。爲學如此。則仁德自成。故曰仁在其中矣。

子夏曰。百工居肆以成其事。君子學以致其道。白虎通成作致

邢昺曰。肆謂宮（官）府造作之處也。致至也。竊曰。百工居肆。則日習其事。故能成其事。君子爲

學則日習於善故能致其道

子夏曰小人之過也必文（文音問皇本必下有則字）朱熹曰文飾之也小人憚於改過而不憚於自欺故必文以重其過

子夏曰君子有三變望之儼然即之也溫聽其言也厲（儼或作嚴）李充曰人謂之變耳君子無變也鄭玄曰厲嚴正也朱熹曰儼然者貌之莊溫者色之和厲者辭之確

子夏曰。君子信而後勞其民。未信則以爲厲己也。信而後諫。未信則以爲謗己也。己音紀

太宰純曰。上二信字。謂見信於民。下二信字。謂見信於君。王肅曰。厲猶病也。

子夏曰。大德不踰閑。小德出入可也。

朱熹曰。大德小德。猶言大節小節。閑闌也。所以止物之出入也。

子游曰。子夏之門人小子。當洒掃應對進退則可矣。抑末也。本之則無。如何。子夏之

虔

聞之曰。噫。言游過矣。君子之道。孰先傳焉。孰後倦焉。譬諸草木。區以別矣。君子之道。焉可誣也。有始有卒者。其惟聖人乎。洒正作灑掃今作埽別彼列反焉可之焉於淩反

包咸曰。言子夏弟子。但當對賓客。脩威儀禮節之事。則可。然此但是人之末事耳。不可無其本也。故云本之則無。如之何也。邪。昺曰。抑。語辭也。本。謂先王之道。孔安國曰。噫。心不平之聲也。朱熹曰。倦。如誨人不

倦之倦。區猶類也。言君子之道。非以其末爲先而傳之。非以其本爲後而倦教。但學者所至。自有淺深。如草木之有大小。其類固有别矣。若不量其淺深。不問其生熟。而槩以高且遠者。强而語之。則是誣之而已。君子之道。豈可如此。若夫始終本末一以貫之。則惟聖人爲然。豈可責之門人小子乎。太宰純曰。君子之道。謂君子誨人之道也。孰猶何也。誣謂以已成爲未成。未成爲己成也。

子夏曰。仕而優則學。學而優則仕。

朱熹曰。優有餘力也。仕與學。理同而事異。故當其事者。必先有以盡其事。而後可及其餘。然仕而學。則所以資其仕者益深。學而仕。則所以資其學者益廣。

子游曰。喪致乎哀而止。

朱熹曰。致極其哀。不尚文飾也。

子游曰。吾友張也。爲難能也。而未仁。

然

鸞曰。子張才德高大。故爲人難能之事也。然未可稱成德之仁人。

曾子曰。堂堂乎張也。難與竝爲仁矣。

江熙曰。堂堂德宇廣也。鸞曰。曾子言子張才德高大。不可及也。故難與竝爲仁矣。

曾子曰。吾聞諸夫子。人未有自致者也。必也親喪乎。石經無諸字者也作也者

馬融曰。言人雖未能自致盡於他事。至於親喪。必自致盡。鸞曰此章言自致盡於

他事。亦當如自致盡於親喪者也。

曾子曰。吾聞諸夫子。孟莊子之孝也。其他可能也。其不改父之臣與父之政。是難能也。皇本難能無能字

逮也。朱熹曰。其父獻子名

馬融曰。孟莊子。魯大夫。仲孫蔑。獻子有賢德。而莊子能用其臣守其政。故其他孝行。雖有可稱。而皆不若此事之爲難。

孟氏使陽膚爲士師。問於曾子。曾子曰。上失其道。民散久矣。如得其情。則哀矜而勿

喜。鹽鐵論則作卽論衡矜作悖

包咸曰。陽膚曾子弟子。士師。典獄之官。太宰純曰。問陽膚問也。馬融曰。民之離散爲輕漂犯法。乃上之所爲。非民之過。當哀矜之。勿自喜能得其情。荻生茂卿曰。情謂獄情也。

子貢曰。紂之不善。不如是之甚。是以君子惡居下流。天下之惡皆歸焉。皇本善下有也字石經之甚作其甚惡居之惡烏路反

名

孔安國曰。紂爲不善。以喪天下。後世憎甚之。皆以天下之惡歸之於紂。朱熹曰。下流。地形卑下之處。衆流之所歸。喻人身有汙賤之實。亦惡名之所聚也。子貢言此欲人常自警省。不可一置其身於不善之地。非謂紂本無罪。而虛被惡名也。荻生茂卿曰。下流謂淵藪也。

子貢曰。君子之過也。如日月之食焉。過也人皆見之。更也人皆仰之。皇本焉作也更古衡反孔安國曰。更改也。鸞曰。君子不必無過。但能改之。故不害於爲君子也。

衛公孫朝問於子貢曰。仲尼焉學。子貢曰。文武之道。未墜於地。在人。賢者識其大者。不賢者識其小者。莫不有文武之道焉。夫子焉不學。而亦何常師之有。朝直遥反焉學之焉於虔反下焉不學同石經墜作隧識音志

馬融曰。公孫朝。衛大夫也。太宰純曰。仲尼焉學。言何所從學也。荻生茂卿曰。文武之道。

禮樂也。孔安國曰。文武之道。未墜落於地。

無所不從學也。

賢與不賢。各有所識。夫子。無所不從學。故無常師也。邢昺曰。焉安也。朱熹曰。識記也。

叔孫武叔語大夫於朝曰。子貢賢於仲尼。子服景伯以告子貢。子貢曰。譬之宮牆。賜之牆也及肩。窺見室家之好。夫子之牆也數仞。不得其門而入。不見宗廟之美。百官之富。得其門者或寡矣。夫子之云不亦宜乎。

語魚據反朝直遙反皇本譬之作辟譬諸石經同皇本陸本皆窺作闚好如字皇本夫子之牆下有也字從之皇本入下有者字

馬融曰。魯大夫叔孫州仇也。武謚也。太宰純曰。宮牆。謂宮之牆也。朱熹曰。賜之牆也及肩。牆卑室淺。不入其門。則不見其中之所有。言牆高而宮廣也。包咸曰。七尺曰仞。夫子之云。謂武叔也。

叔孫武叔。毀仲尼。子貢曰。無以爲也。仲尼不可毀也。他人之賢者丘陵也。猶可踰也。仲

尼如日月也。無得而踰焉。人雖欲自絶也。其何傷於日月乎。多見其不知量也。皇本日月上有

如字絶下句也字從之多與祇通量音亮

邢昺曰。無以爲也者。言無用爲此毀此言訾也。朱熹曰。土高曰丘。大阜曰陵。何晏曰。言人雖欲自絶於日月。其何傷之乎。朱熹曰。多與祇同。適也。不知量。謂不自知其分量。

能

陳子禽謂子貢曰。子爲恭也。仲尼豈賢於子乎。子貢曰。君子一言以爲知。一言以

爲不知言不可不愼也。夫子之不可及也。猶天之不可階而升也。夫子之得邦家者。所謂立之斯立。道之斯行。綏之斯來。動之斯和。其生也榮。其死也哀。如之何其可及也。知音智 道音導

朱熹曰。爲恭。謂恭敬推遜其師也。言不可不愼也。責子禽不謹言。階梯也。孔安國曰。得邦家。謂爲諸侯若卿大夫也。太宰純曰。立之以下六句。蓋古語。故云所謂。

徙

立之斯立。言使民立則立也。道之斯行。言使民行則行也。綏之斯來。言撫綏之則子來也。動之斯和。言興動之則和順也。四之字。皆指民。斯猶卽也。二其字。指先王。榮謂令聞令望也。前四句。言先王之德。民之從之猶影響也。後二句。言先王生死皆一不從。然也。子貢引古語。以言丸先王之德。使民悅服如是。卽令夫子得邦家。其德亦猶是也。此其所以不可及也。

堯曰第二十

堯曰。咨爾舜。天之曆數在爾躬。允執其中。四海困窮。天祿永終。舜亦以命禹。曰。予小子履。敢用玄牡。敢昭告于皇皇后帝。有罪不敢赦。帝臣不蔽。簡在帝心。朕躬有罪。無以萬方。萬方有罪。罪在朕躬。周有大賚。善人是富。雖有周親。不如仁人。百姓有過。在予一人。謹權量。審法度。脩廢官。四方之政行焉。興滅國。繼絶世。舉逸民。天下之民歸心焉。所重民食喪祭。寬則得衆。信則民任焉。敏則有功。公則說。潛父論咨作格白虎通皇皇后帝作皇天上帝石經無作毋皇本罪在無罪字行焉作行矣無信則民任焉一句說上有民字說音悅

朱熹曰。此堯命舜而禪以帝位之辭。四海之人困窮。則君祿亦永絕矣。戒之也。舜亦以命禹。舜後讓位於禹。亦以此辭命之。今見於虞書大禹謨。比此加詳。曰予小子上。當有湯字。帝臣不蔽。簡在帝

心。簡閱也。天下賢人。皆上帝之臣。已不敢蔽。簡在帝心。惟帝所命。周有大賚以下。述武王事。雖有周親。不如仁人。百姓有過。在予一人。此周書泰誓之辭。興滅繼絕。謂封黃帝堯舜夏殷之後。舉逸民。謂釋箕子之囚。復商容之位。三者皆人心之所欲也。邢昺曰。咨咨嗟也。爾女也。玄牡黑牲也。眧[昭]明也。太宰純曰。曆數謂日月星辰之運行。有厤數者。帝王臨四海。奉天以行。故曰在爾躬也。荻生茂卿曰。允執其中。謂踐帝位也。蓋執中猶云執樞。古訓皇極爲大中。上有天下有民。而天子立其中間。握其樞柄。是所謂皇極也。包咸曰。允信也。有罪不敢赦。順天奉法。有罪者不敢擅赦也。權秤也。量斗斛也。孔安國曰。履殷湯名也。予小子以下。伐桀告天之文也。殷家尚白未變夏禮。故用玄牡也。皇大也。后君也。

太大君帝謂天帝也。無以萬方。萬方不與也。萬方有罪我身之過也雖有周親。不如仁人。周至也。言紂至親雖多。不如周家之多仁人。所重。民食喪祭重民。國之本也。重食民之命也。重喪。所以盡哀也。重祭。所以致敬也。公則說者。言政教公平。則民說矣。凡此二帝三王所以治也。故傳以示後世也。鸞曰。天祿永終者。謂天祿不絕也。然上有四海困窮字。故且從朱註。疑尚書論語。皆困窮之上。脫不字與。信則民任焉者。上不失信。則民任其事也。

子張問於孔子曰。何如斯可以從政矣。子曰。尊五美。屏四惡。斯可以從政矣。子張曰。何謂五美。子曰。君子惠而不費。勞而不怨。欲而不貪。泰而不驕。威而不猛。子張曰何謂惠而不費。子曰。因民之所利而利之。斯不亦惠而不費乎。擇可勞而勞之。

又誰怨。欲仁而得仁。又焉貪。君子無衆寡。無小大。無敢慢。斯不亦泰而不驕乎。君子正其衣冠。尊其瞻視。儼然人望而畏之。斯不亦威而不猛乎。子張曰何謂四惡子曰不教而殺。謂之虐。不戒視成謂之暴。慢令致期。謂之賊。猶之與人也。出納之吝。謂之有司。皇本問下有政字謂五美下有也字擇下有其字焉於虐漢書殺作誅出尺遂爻反陸本納作內

王肅曰。利民在政無費於財也。孔安國曰。

無敢慢。言君子不以寡小而慢之也。出納之吝。謂之有司。謂財物俱當與人而吝嗇於出納惜難之。此有司之任耳非人君之道也。馬融曰。不戒視成者。不宿戒。而責目前成也。朱熹曰。虐。謂殘酷不仁。賊者。切害之意。緩於前而急於後。以誤其民而必刑之。是賊害之也猶之猶言均之也。鸞曰。欲仁者欲得仁道也。欲仁。不爲貪。慢令致期。慢怠慢也。致期。謂及期也。不先期令之。而及其期。使民怨期。是暴惡也。

子曰。不知命。無以爲君子也。不知禮。無以立也。不知言。無以知人也。陸本子曰作孔子曰魯論無此章

孔安國曰。命謂窮達之分也。太宰純曰。如

斯

所謂人不知而不慍者。所謂之知命之君子矣。禮人之幹也。無禮無以立。孟僖子言之。古有是言也。荻生茂卿曰。言者。先王之法言也。先王之法言。猶規矩準繩

也。知人者。謂知賢者也。夫賢者。其德行合於先王之道者也。故以先王之法言。爲之規矩準繩。而後可知已。上論首學與知命。而下論又以此終之。是編輯者之意也。

論語私考卷第十終

西田壽助寫之

有[illegible]寫之

鳴謝

感謝相田滿先生爲本叢書《論語》卷作序
感謝早稻田大學圖書館特別資料室真島めぐみ女士提供圖片幫助